Volker Ebersbach
Rom und seine unbehausten Dichter

Volker Ebersbach

Rom und seine unbehausten Dichter

Essays

Mitteldeutscher Verlag
Halle · Leipzig

Ebersbach, Volker:
Rom und seine unbehausten Dichter: Essays/Volker Ebersbach. –
Halle · Leipzig: Mitteldt. Verl., 1985. – 176 S.: Portr.
[Sammlung]

ISBN 3-354-00260-3

© Mitteldeutscher Verlag Halle · Leipzig 1985
2. Auflage
Lizenz-Nr. 444-300/128/87 · 8010
Printed in the German Democratic Republic
Zeichnungen: Harry Jürgens
Umschlagabbildung: Der Centauer Chiron lehrt Achilles das Saitenspiel.
Wandmalerei aus Herculaneum.
Neapel, Museo Nazionale
Gesamtherstellung: Mühlhäuser Druckhaus, Mühlhausen (Thür.) 5700

Best.-Nr. 639 189 5

00650

Vorbemerkung

Wer die römische Literatur nur als eine lateinische Variante oder Nachahmung der griechischen auffaßt, übersieht das Besondere an ihr: Während sie reift, gerät die antike Sklavenhalterordnung in ihre umfassendste ökonomische und gesellschaftliche Krise. Die Mythen der Griechen, ihre humanistische Dichtung und Philosophie, ihre Staatslehren prägen Begabung, Kunstsinn und Denken von Dichtern, deren Klasse die Gipfel ihrer Macht bereits überschritten hat und nach »starken Männern« ruft. Republikanische Gesinnung muß sich mit zunehmend monarchischen, autoritären Machtformen auseinandersetzen. Catull genießt die Freizügigkeit verworrener politischer Verhältnisse. Vergil hofft, die neue Herrschaftsform mit dichterischem Wort vor Willkür warnen und auf Menschlichkeit verpflichten zu können. Ovid, schon enttäuscht, scheut jede Auseinandersetzung mit ihr und endet dennoch in der Verbannung. Petronius, der erste antike Dichter mit dem Blick für soziale Verhältnisse, hat das Gespenst des Unterganges gesehen und verspottet seine Zeit einschließlich ihrer moralisierenden »Zeitkritik«.

Das gespannte Verhältnis dieser Dichter zu den Machtgaranten ihrer Klasse ist ebenso ein Stück Kulturgeschichte wie das Gebaren der Herrscher selbst, die immer brutaler werden, je mehr ihnen die sozialen und ökonomischen Spannungen ihres Weltreiches entgleiten, die ihre Vorrechte zu übersteigertem, parasitärem Lebensgenuß mißbrauchen, statt sie für das Gemeinwohl einzusetzen. Diese Essays versuchen zu zeigen, wie eine Literatur tragisch auf verlorenen Posten gerät, wenn die Klasse, aus der ihre Dichter kommen, sich von ihren eigenen Werten löst und ihre Machtinstitutionen keiner Aufgabe treu bleiben außer der, sich selbst zu erhalten. Gestützt auf gesicherte wissenschaftliche Erkenntnisse, bringen sie nach einer bewährten essayistischen Tradition, indem sie nur Quellen zitieren und, was die Quellen nicht hergeben, durch andere historische Befunde und glaubwürdige Vermutungen ergänzen, die dem Verfasser eigentümliche Sicht der Zusammenhänge zur Sprache.

Leipzig, im August 1984 Volker Ebersbach

Cäsaren zwischen Mars und Venus

1. Was Jupiter erlaubt ist ...

Ein geflügeltes Wort behauptet, was Jupiter erlaubt sei, sei dem Rindvieh nicht erlaubt. Zwischen dem höchsten Gott der Römer und dem Tier spart es den Menschen aus, als ließe es offen, welchem er näher stehe. Es folgt einer Rangordnung der Wesen nach Fähigkeiten und Begabungen und leitet davon ab, was sich einer herausnehmen dürfe. Jupiter darf alles, das Rindvieh nichts, der Mensch einiges. Aber von jeher waren es Menschen, die anderen Menschen vorschrieben, was sie durften. Gesellschaften, in denen die Menschen nicht gleich sind, erkennen sich in solchen Worten wieder.

Die Mythen der antiken Götterwelt lassen uns in die Herzen der Menschen spähen, die sie erdachten oder daran glaubten, sie als Spiegel oder für ihre Politik benutzten. Zeus, dem die Römer ihren Jupiter gleichsetzten, als sie sich die Kultur der Griechen aneigneten, galt in geschichtlicher Zeit als besonnener, maßvoller und gerechter Herrscher des Olymp, als »Vater der Menschen und Götter«. Sein Walten war ein Muster für irdische Herrscher. Der Mythos allerdings wußte von einer blutigen Vorgeschichte. Sein Großvater Uranos, Vater abscheulicher Wesen wie der Titanen, Giganten und Kyklopen, wurde von seinem eigenen Sohn Kronos mit scharfgezähnter Sichel entmannt. In Furcht vor einem stärkeren Nachfahren verschlang Kronos alle Kinder, die ihm seine Gattin Rheia gebar. Nur Zeus, der Jüngste, wuchs, von der Mutter verborgen, in einer Grotte am Berg Dikte auf Kreta heran. Erwachsen zwang er den Vater, die verspeisten Geschwister wieder auszuspeien. Mit ihrer Hilfe stürzte er Kronos in den Tartaros, den peinvollsten Ort der Unterwelt, und führte einen unbarmherzigen Krieg gegen die Brut des Uranos. Als er unangefochten über den Olymp und die Welt gebot, begnadigte er Kronos, den die Römer als Saturn verehrten, zu einer milden Verbannung und setzte ihn als Herrscher über ferne, glückselige Inseln. Mit seinen Geschwistern und Kindern lenkte der Göttervater fortan die Geschicke der Welt.

In seinen Liebschaften behielt er sich vor, zu tun, was er wollte. Er verführte Göttinnen und zeugte neue Götter. Verführte er Sterbliche, so zeugte er Halbgötter, die zu Eltern von Heroen und Heroinen wurden. Mit Genealogien, die bis zu ihnen zurückreichten, begründete der antike Adel seine Vorrechte. Ares, der Kriegsgott, bei den Römern Mars, war ein eheliches Kind der göttlichen Geschwister Zeus und Hera. Aber die Liebesgöttin Aphrodite, bekannter unter ihrem römischen Namen Venus, zeugte der Göttervater mit einer anderen. Vielleicht war es priesterlicher Ordnungssinn, der hier Unklarheit stiftete: Dione, Aphrodites Mutter, galt auch als eine erste Gemahlin des Zeus. Eine andere Überlieferung wollte, daß die Liebesgöttin unter dem Namen Urania aus einem der Blutstropfen stammte, die bei der Entmannung des Uranos ins Meer fielen. Daher wurde ihr nachgesagt, sie sei aus dem Schaum des Meeres geboren. Da die Götter eine ewige Jugend genossen, bedeutete es nichts, wenn man sie damit als Tante des Göttervaters ansehen mußte. Aber wer den obersten Gott reinwaschen wollte, kam nicht weit: In zahlreichen Verwandlungen, die seine Schwestergemahlin Hera, bei den Römern Juno, täuschen und den Widerstand der Erwählten brechen sollten, bestand Zeus eine lange Reihe von Liebesabenteuern, und sosehr er dem Prometheus die Menschenliebe verargte – er selbst stellte gern Sterblichen nach. Als Goldregen zeugte er mit Danaë den Helden Perseus, als Schwan bescherte er der Welt im Beilager mit Leda die verhängnisvoll schöne Helena, als Stier entführte er Europa, die ihm Minos, den mythischen Kreterkönig, gebar, darauf Rhadamanthys, den Richter der Unterwelt, und Sarpedon, den

Helden und König, der auf den Schlachtfeldern vor Troja wütete. Hera rächte sich, indem sie die Rivalinnen verwandelte: Kallisto wurde zur Bärin, Io zur Kuh. Zeus konnte immer wieder werden, der er war; seine sterblichen Geliebten konnten es nicht.

Aphrodite wurde mit Hephaistos verheiratet, dem arbeitsamen, rußigen, hinkenden Feuergott und Waffenschmied der Olympier. Während der Feuergewaltige mit Hammer und Amboß beschäftigt war, ließ sie sich von Ares besuchen. Von ihm empfing sie den geflügelten Eros. Bei den Römern hieß das Kleeblatt Venus, Vulcanus und Mars. Der übermütige Sprößling mit Pfeil und Bogen nannte sich Amor (Liebe) oder Cupido (Liebesverlangen). Lag Mars bei Venus, ruhten auf Erden die Waffen.

Götter walteten nicht nur über die Liebe, sie wurden auch von ihr heimgesucht, und die gleichgeschlechtliche blieb dabei nicht aus. Jupiter ließ sich von seinem Adler den schönen Hirtenknaben Ganymed von der Erde holen. Hätte er ihn nur als Mundschenk verwendet, wäre seine Gattin nicht eifersüchtig geworden. Apollo liebte den schönen Hyakinthos, den auch der Westwind Zephyros begehrte. Der lenkte beim Spiel den Diskus des Apollo so aus der Bahn, daß er Hyakinthos tödlich traf. Der Gott des Lichtes, der Klarheit, der Weissagung konnte seinem Liebling nur eine Wiedergeburt in der Blume Hyazinthe schenken.

Keusch blieb in der großen Götterfamilie allein Artemis, die bei den Römern Diana genannt wurde, die Jungfrauen behütete und den Gebärenden beistand. Von Leidenschaften war auch sie nicht frei. Den Jäger Orion tötete sie, als er sich in ihre Zuständigkeit als Jagdgöttin einmischte. Aktaion, der sie nackt beim Baden gesehen hatte, verwandelte sie in einen Hirsch, so daß er von den eigenen Hunden zerfetzt wurde. Ihren Pfeil beflügelte der Zorn.

Sterbliche weckten den Zorn der Götter, sobald sie ihre Geheimnisse erforschten. Tantalos mißbrauchte seine Gastrolle an der Tafel der Götter, indem er ihre Leckerbissen stahl und auf der Erde ausplauderte, was er gehört hatte. Ihre Allwissenheit versuchte er auf die Probe zu stellen: Er schlachtete seinen Sohn und setzte ihnen sein Fleisch zum Mahl vor. Mit Qualen, die sprichwörtlich wurden, büßte er dafür im Tartaros. Auch zu Jähzorn und Willkür ließen die Götter sich hinreißen. Teiresias, der blinde Seher von Theben, verdankte sein Schicksal einer unangenehmen Auskunft, die das höchste Götterpaar von ihm verlangt hatte. Befragt, wer im Beischlaf die meisten Wonnen genieße, antwortete er: Von den zehn Freuden, die er bereithalte, kämen neun der Frau und nur eine dem Mann zu. Hera geriet in Wut und blendete ihn. Zeus fand den Spruch nicht ganz unwahr und entschädigte den Weisen mit der Sehergabe und einem siebenmal längeren Leben.

Empfindlich und launisch, ließen sich die Olympier in den ewigen Krieg der Geschlechter ziehen. Doch wer auf ihren Zorn zählte, konnte sich täuschen. Hephaistos wollte sich über die Untreue seiner Gattin beschweren. Als Aphrodite und Ares sich unbeobachtet fühlten, fing er sie in einem Netz und rief die göttliche Verwandtschaft zusammen. Das vielzitierte homerische Gelächter, das er damit auslöste, galt weniger den Ertappten als dem Betroffenen, der sich sein Recht nicht selbst verschaffte.

Seit Generationen gewöhnt, an einen oder an keinen Gott zu glauben, haben wir Mühe, das erhabene Völkchen im Olymp göttlich zu finden. Ihre Zuständigkeiten, so sinnreich sie sein mögen, erheitern uns auch. Die Anzüglichkeiten der Mythen beeinträchtigten den Glauben von Griechen und Römern lange nicht. Sie freuten sich einfach daran. Ironie kam erst mit dem Unglauben auf. Ein neuer Glaube machte aus den alten Göttern böse Dämonen, und was er nicht niederringen konnte, vereinnahmte er stillschweigend. Um die antike Götterwelt unbefangen zu sehen, müssen auch wir noch über die Grundmauern jahrhundertelanger Prüderie springen. Dem bekehrten Heiden der Antike fiel es weniger schwer, zu glauben, Jesus Christus sei Gottes Sohn. Allenfalls das Mysterium der unbefleckten Empfängnis konnte ihm blasphemische Fragen entlocken. Denn wenn eine Göttin oder eine Sterbliche von einem Gott ein Kind empfing, erschauerten die Wälder, erzitterten die Berge.

Zwischen antiker und christlicher Frömmigkeit liegen Jahrhunderte religiösen Verfalls. Solange sich Skepsis gegen die Olympier nur in der begüterten und gebildeten Oberschicht ausbreitete, rechtfertigten einzelne Menschen ihre Macht immer unverschämter damit, daß sie von Göttern abstammten, bis sie sich selbst als göttliche Wesen ausgaben. Die irdischen Auftritte der Götter rückten in mythische Ferne. Ihre Bildnisse aus Holz, Bronze oder Marmor taten immer seltener Wunder, ihre Augen aus Elfenbein und Glasfluß leuchteten beim Gesang der Hymnen nicht mehr auf. Die Völker jedoch von Priestern abgerichtet, in ihrer Not von den Göttern oder ihren Abgesandten Hilfe zu erwarten, wünschten immer heftiger, leibhaftige Götter zu sehen. Mancher hellenistische Herrscher kam solchen Wünschen gern entgegen, indem er sich einem Gott gleichstellte.

Alexander dem Großen (356–323 v. u. Z.) fiel diese Rangerhöhung bei der Eroberung Ägyptens zu. Als Nachfolger des Pharao wurde er zum Sohn des Gottes Ammon erhoben, dem man in Griechenland Zeus, in Rom Jupiter gleichsetzte. Sein Lehrer Aristoteles hatte in der »Politik« erwogen, man dürfe einen Menschen, den besondere Tüchtigkeit zum Herrschen befähige, wohl mit einem Gott vergleichen. Wo solch ein Mensch von sich reden machte, wich das bange, hilflose Gefühl der Gottverlassenheit bald ehrfürchtigem Staunen und frenetischem Jubel. Die aufklärerische Lehre Epikurs hatte die Götter in menschenferne Zwischenwelten verwiesen, wo sie sich selbst genug blieben. Man brauchte von ihnen nichts zu befürchten, durfte aber auch nicht auf ihre Hilfe hoffen. Aber die in Sklaven und sehr unterschiedlich begüterte Freie gespaltenen Völker waren nicht in der Lage, sich selbst zu helfen. Nun beriefen sich die Diadochen, Nachfolger Alexanders, die in den Splitterstaaten seines gewaltigen Reiches regierten, um so eifriger auf erfundene Genealogien, die ihre Verwandtschaft mit den Göttern auswiesen, ließen sich als »Retter« vergöttlichen, leisteten sich eigene Kulte mit Priestern und Tempeln. Einem von ihnen, Demetrios, sangen die Athener zu: »Denn die anderen Götter sind weit entfernt, oder sie haben keine Ohren, oder sie existieren nicht oder kümmern sich nicht um uns. Dich aber sehen wir leibhaftig, nicht aus Holz und nicht aus Stein, sondern in Wirklichkeit.«

Diese Herrscher machten sich nur etwas skrupelloser zunutze, was lange in Maßen üblich gewesen war. Atreus, der Vater des Agamemnon und des Menelaos in Homers »Ilias«, galt als Urenkel des Zeus. Achilles, der tapferste Grieche vor Troja, hatte die Meeresgöttin Thetis zur Mutter. Venus würdigte auch den Sterblichen Anchises einmal ihrer Liebe und gebar den Aeneas, der mit einer Schar geschlagener Trojaner nach Italien segelte und zum Ahnherrn römischer Könige wurde. Führende römische Patriziergeschlechter hielten noch nach dem Ende der Adelsrepublik an ihrer Abkunft von Venus oder anderen Göttern fest und behaupteten damit ihren Uradel gegen den käuflichen Briefadel, der in der Kaiserzeit aufkam.

In seiner Schrift über den Staat hatte Platon sich abfällig über Homer geäußert und künftigen Staatenlenkern empfohlen, Dichter zu überwachen, damit sie nichts Abträgliches über Götter und Helden berichteten. Er befürchtete Schaden für die Staatsräson. Aber keinen Herrscher machte die Maßregelung eines Dichters besser.

2. Der »glatzköpfige Ehebrecher«

Die Herrschenden ließen sich durch Götter den Rücken stärken. Die Gläubigen erwarteten von solch einem Rang mehr als menschenübliche Gerechtigkeit. Dieses Mißverständnis stellt sich immer ein, wenn sich Macht religiös legitimiert. Es kennzeichnet auch das Gottesgnadentum der Feudalherrscher bis hinein in die bürgerlichen Revolutionen. In der Antike brauchte man die Olympier nur genau genug zu kennen, um zu ahnen, was von Menschen zu erwarten war, die sich göttliche Verdienste zuschrieben und davon göttliche Befugnisse

1 Gajus Julius Caesar

ableiteten. Die führenden Familien der römischen Adelsrepublik gingen mit ihren göttlichen Genealogien lange behutsam um. Wegen seiner Willkür hatten sie den letzten König verjagt. Fortan galt das Königtum den Römern als despotisch, wesensfremd, »asiatisch«. Die Patrizier wollten dem ganzen Volk ein Vorbild der Gesittung und des Rechtssinns bleiben und sahen in ihrer Abkunft eine höhere Verantwortlichkeit für das Gemeinwesen. Während die zerstrittenen griechischen Stadtdemokratien sich in die schmutzigen Hände vergotteter Herrscher gaben, bestand Rom unerschütterlich Verteidigungskriege gegen italische Nachbarn, gegen die Karthager, gegen Pyrrhus. Jeder Verteidigungskrieg endete mit Annexionen, und wer die Römer gegen einen Angreifer zu Hilfe rief, wurde mit ihm gemeinsam ihr Untertan.

Das Weltreich ließ sich nicht aus den Mauern einer Stadtrepublik verwalten, deren Bürger sich unversöhnlich zerstritten. Die Verteilung der Beute erforderte einen starken Mann. Einig waren die Römer sich nur noch darin, daß es kein König sein durfte, kein gewalttätiger Willkürherrscher, wie man ihn im Orient, der Heimat der meisten Sklaven, über sich duldete. Die Adelsrepublik kannte ein Amt, das in Zeiten der Gefahr einem einzelnen Mann unumschränkte Macht gab: die Diktatur. Weise war es, damit es nicht selbst den Staat gefährdete, auf ein halbes Jahr begrenzt.

Seit Griechenland römische Provinz und das halbe Reich Alexanders eine Beute der Römer geworden war, machten sich vornehme Kreise in Rom auch das Gedankengut, den Kunstsinn und das Götterverständnis der Besiegten zu eigen. Der erste Römer, der sich zum Diktator auf Lebenszeit ausrufen ließ, Lucius Cornelius Sulla (138–78 v. u. Z.), machte überall Stimmung für seine wenn auch entfernte Abstammung von Venus und legte sich den Beinamen »Epaphroditus« zu, als stünde er in Aphrodites besonderer Huld. Aber die Härte, mit der er die Belange der Patrizier verfocht, die Unbarmherzigkeit, mit der er sechstausend Gefangene abschlachten ließ, deutete eher auf Einvernehmen mit Mars, ihrem heimlichen Buhlen.

Mit mehr Weitblick vertrat Gajus Julius Caesar (100–44 v. u. Z.) die Belange der Plebejer, obwohl er selbst aus einer patrizischen Familie stammte. Die Julier führten nicht weniger überzeugend als die Cornelier ihre Herkunft auf Aeneas, also auf Venus, zurück. Den Stolz darauf haben die julisch-claudischen Kaiser bis hin zu Nero nicht abgelegt, so erbittert sie auch den Senat bekämpften und patrizische Familien verfolgten. Caesar schmückte die Hauptstadt mit einem ansehnlichen Venustempel.

Verständnis für die Plebs war Caesar aus der peinlichen Verarmung seiner Familie zugewachsen. Drückende Verschuldung hatte ihn anfangs in die Nähe krimineller Umstürzler wie Catilina gebracht. In der Wahl seiner Günstlinge wurde er auch danach kaum vornehmer. Der Dichter Catull spottete: »Schön verstehn sich die beiden geilen Schurken, / denn Mamurra ist schwul, und schwul ist Caesar / ... einer lernte im gleichen Bett vom andern, / beide nehmen sich nichts im Ehebrechen, / sind Rivalen der Mädchen wie auch Kunden ...« (57). Fraglich mag bleiben, ob Homosexualität in der Antike weiter verbreitet war als heute. Bisexualität, auch sonst vielfach bezeugt, war zwar nicht gegen Hohn erhaben, aber auch nicht verpönt. Jupiter und Ganymed bürgten für olympische Toleranz. Als weit verwerflicher galt der Ehebruch, und erst die Verbindung beider Laster gibt Catulls Epigramm die Schärfe. Als Caesar sich in Kleinasien ersten Kriegslorbeer holte, soll er bei Nikomedes, dem König von Bithynien, gemeinsam mit dessen Lustknaben die Dienste Ganymeds versehen haben. Diese Nachrede erhielt bald einen politischen Klang. Als seine Gegner ihm vorwarfen, er strebe die Königswürde an, war der Spottname »Königin von Bithynien« ein besonders heikler Mißton im allgemeinen Jubel.

Wie Sulla stand er sich gut mit Mars. In Hispanien, Gallien und Britannien siegte er nicht nur, um Rom einen bedeutenden Dienst zu erweisen, sondern auch, um an die Stelle beschämender Schulden ein ehrfurchtgebietendes Vermögen zu setzen. Seine vier Heiraten dürften dem alten Streit zwischen seiner Ahnherrin Venus und Juno, der Hüterin der Ehe, einen

neuen hinzugefügt haben. Cossutia war vermutlich eine Geld-
heirat. Die Tochter eines römischen Ritters konnte für einen
Patrizier, so verarmt er sein mochte, nicht standesgemäß sein.
Immerhin hatte die Ehegöttin auf dem Capitol unweit des Ju-
pitertempels als Juno Moneta ein Heiligtum, das sie auch als
Beschützerin der Münze auswies. Die zweite Ehe verfolgte
politische Zwecke: Cornelia war die Tochter des Cinna, eines
der einflußreichsten Köpfe der Plebejer. Noch vor Sullas Diktatur hatte sich Cinna für kurze Zeit nahe an einer Alleinherrschaft behauptet. Der Ruhm des Ermordeten konnte den
des Schwiegersohns nicht lange überschatten. Als Caesar 67
v. u. Z. zum dritten Mal heiratete, folgte er der ausgleichen-
den Tendenz seines politischen Programms: Pompeja war
eine nahe Verwandte Sullas. Sie machte ihm bald Kummer
und ließ sich mit dem schönen Clodius ein, einem seiner Ge-
treusten, dem Bruder jener Clodia, die Catull unter dem Namen Lesbia haßte und liebte. Der Schönling schlich sich während des Festes der »Guten Göttin«, Bona Dea, das die
Frauen feuchtfröhlich unter sich zu feiern pflegten, in Frauen-
gewändern zu Caesars Gemahlin. Die Schwiegermutter Aure-
lia deckte den Betrug auf. Caesar ließ sich scheiden, stellte
sich aber schützend vor den unentbehrlichen Anhänger, der
ihm Hörner aufgesetzt hatte. Calpurnia, seine vierte Frau, soll
ihn nach schlimmen Träumen vor dem verhängnisvollen Gang
in den Senat gewarnt haben, als die Dolche auf ihn warteten.
Aber Caesar hörte nicht auf Frauen. Das einzige Kind dieser
vier Ehen, Julia, die Tochter der Cornelia, verheiratete er mit
Pompejus, um ein Bündnis zu bekräftigen, das von Anfang
an Kitt brauchte und dann doch zerbrach. Denn auch Pompejus strebte nach Alleinherrschaft. Das »Triumvirat« zwischen
den beiden und Crassus (60 v. u. Z.) war ein Stillhalteabkom-
men, das sich nach dem Tod des letzteren in unversöhnliche
Rivalität verwandeln mußte. Sie endete 48 v. u. Z. mit einer
Bürgerkriegsschlacht und dem Tod des Pompejus. Nirgends ist
aufgezeichnet, wie diese erste der drei politisch verheirateten
Julien mit ihrer Zweckehe zurechtkam. Sie starb vor dem
Bruch.

Bei Triumphzügen hielten sich die römischen Soldaten mit Spottliedern auf ihren Feldherrn schadlos für die strenge Zucht des Lagers und der Schlachten. Als Caesar seinen Triumph über Gallien feierte, sangen sie: »Bürger, hütet eure Frauen! Wir bringen den glatzköpfigen Ehebrecher.« Caesar war es nicht unangenehm, zu hören, daß Mars und Venus, die von Zeit zu Zeit wirklich unter einer Decke steckten, ihn gleichermaßen begünstigten. Die Überlieferung nennt mehrere Verführte mit Namen: Tertulla, Postumia, Lollia, Mucia. Sie verschweigt auch die Namen der betrogenen Gatten nicht. Nicht nur politisch stach Caesar seine verbündeten Triumvirn aus, vorher setzte er ihnen Hörner auf: Tertulla war die Frau des dicken Crassus, Mucia war dem Pompejus angetraut. Auch mit Servilia, der Mutter des Marcus Junius Brutus, gab es ein Abenteuer. Es scheint, daß der kühle Rechner dabei Leidenschaft entwickelte. Während seines ersten Konsulats (59 v. u. Z.), als er zwar schon die große spanische, aber noch nicht die ganz große gallische Beute in der Tasche hatte, schenkte er ihr einen millionenschweren Perlenschmuck. Als ihm der Bürgerkrieg die Landgüter der Patrizier in die Hände spielte, dachte er oft zuerst an Servilia. Die antike Geschichtsschreibung arbeitet unbekümmert mit Gerüchten. Sagt sie Nachteiliges über Leute, die sie eigentlich in ihrer Größe darstellen will, dürfen wir vermuten, daß, wenn nicht Wahrheitsliebe, so doch Liebe zum wahrhaftigen Detail über den Apologeten siegte. Wenn Caesars Biograph Sueton andeutet, Servilia habe versucht, auch ihre Tochter Tertia mit dem Diktator »in ein Verhältnis« zu bringen, wechselte das kühle Rechnen wohl die Seite. Ungewiß bleibt, ob die kupplerische Witwe Erfolg hatte, als sie, selbst welkend, die Leidenschaft des großen Mannes an ihre Tochter vererben wollte. Nichtsahnend adoptierte Caesar ihren Sohn Marcus Junius Brutus. Zu den Iden des März erkannte er ihn bestürzt unter den Häuptern der Mordverschwörung.

Ein Edelmann, der Venus unter seinen Ahnen wußte, fand auf dem Weg zur Alleinherrschaft auch bei Königinnen Erhörung. Die Geschichte mit der dunklen Maurin Eunoë kann nicht lange gedauert haben; sie war die Gemahlin des Maurenkönigs Bogud, den er aus politischen Gründen nicht verärgern durfte. In Ägypten vertrugen sich Mars und Venus besser. Als Caesar 48 v. u. Z. dort einmarschierte, um die letzten Anhänger des bei Pharsalos geschlagenen Pompejus zu vernichten, sah er sich bald vor eine zweite Aufgabe gestellt: Die Königin Kleopatra lag mit ihrem Bruder Ptolemaios XIII. im Streit um den Thron der Pharaonen. Zuerst siegten in Caesars Herz, so lebhaft es auch für Jünglinge schlagen konnte, die weiblichen Reize. Dann wurde Ptolemaios geschlagen, und der Römer setzte geübt die Nachfahrin von Pharaonen und Diadochen, deren Schönheit nicht unumstritten war, aber weltberühmt wurde, zur alleinigen Königin ein, um sie mitsamt ihrem Reich zu besitzen. Sie überließen sich, lange und üppig tafelnd, den Zerstreuungen des sonnigen Nillandes. Eine prächtige Flottille brachte sie stromaufwärts bis an die Grenzen Äthiopiens. Die Blütezeiten Altägyptens galten schon damals als graue Vorzeit, die gigantischen Tempelbauten und Pyramiden vergessener Dynastien wurden als Weltwunder angestaunt, und über den Anteil von Pharaonenblut in Kleopatras Adern teilten sich die Meinungen. Doch Mythen hatten noch ihren Glanz in diesem Wunderland mit den jährlichen Überschwemmungen, den Dattelhainen, Wohlgerüchen und Juwelenbergen: Einst war es von Söhnen und Töchtern des Gottes Ammon regiert worden, dem die Griechen ihren Zeus, die Römer ihren Jupiter gleichsetzten. Dem fernen Nachfahren der Venus lag Kleopatra, wie dünn auch das Pharaonenblut in ihr floß, als ebenbürtige Verwandte der Götterfamilie in den Armen. Sie gebar den Sohn, den Caesar vier römische Ehen vorenthalten hatten. Er hieß Caesarion und soll dem Vater sehr geähnelt haben. Einen künftigen Weltherrscher hätte man in ihm erblicken dürfen, vereinte er doch das göttliche Blut der Julier mit dem der Pharaonen und Alexanders. Aber Caesarion kränkelte und starb früh.

Als Oberpriester (63 v. u. Z.) hatte Caesar die Kulte von Göttern verwaltet, an die gebildete Menschen kaum noch glaubten. In Ägypten erfuhr er, welchen Bestand ein Reich erlangte, wenn es von einer den Göttern verwandten Dynastie beherrscht wurde. Blut verlor schnell seine schreckliche Farbe, Abrechnungen über die Beute verschwanden wieder, zum Lebenswandel eines so mächtigen Mannes drückte man ein Auge zu wie über Jupiters Abenteuer. Daß die Dolche der Senatsopposition Caesars Sterblichkeit erwiesen, machte auf seine Erben keinen Eindruck. Der Diktator, dem man öffentlich nachgesagt hatte, er wäre »der Mann aller Weiber und das Weib aller Männer«, wurde als erster Römer vergöttlicht. Auf dem Forum erhielt er einen Tempel mit Opferkult und Priesterkollegium. Ein Komet, der sieben Nächte lang den Himmel erhellte, bezeugte, daß die Götter ihn in ihren Kreis aufgenommen hatten.

3. Ein kaiserlicher »Familienvater«

Mars behielt die Oberhand. Ein zweiter Bürgerkrieg hetzte die Römer gegeneinander. Anfangs trugen die Erben Caesars ihn gegen seine Mörder aus, dann untereinander. Wieder gab es ein Triumvirat, wieder zerbrach es. Der Sieger hieß diesmal Octavian (63 v. u. Z.–14. v. u. Z.). Als Kaiser nannte er sich Gajus Julius Caesar Octavianus Augustus, übernahm also den vollständigen Namen des Vergöttlichten, hängte den eigenen daran und ließ sich (27 v. u. Z.) auf dem Höhepunkt seiner Erfolge von Senat und Volk den Beinamen »der Erhabene« verleihen. Zu Lebzeiten duldete der »Sohn des Vergöttlichten« keinen Zweifel an seiner Nähe zu den Olympiern. Am Ende seines irdischen Weges war ihm seine Aufnahme unter die Götter sicher, und wer ihn lieber gleich als Gott verehrte, stieß kaum auf Widerspruch. In Wirklichkeit war er lediglich Caesars Großneffe. Seine Mutter war die Tochter von Caesars Schwester. In seiner Verlegenheit um eigene Söhne hatte der Diktator auch ihn adoptiert.

Octavians hartnäckigster und gefährlichster Gegner wurde nach zeitweiligem Bündnis Marcus Antonius, einer der treusten Freunde Caesars: Er glaubte ein größeres Recht auf Caesars

2   Augustus

Erbe zu erlangen, indem er seine Nachfolge in Kleopatras Bett antrat. Caesar hatte es, sobald Rom ihn brauchte, verlassen. Antonius verlag sich mit der Königin. Überall kam er zu spät. Zur Seeschlacht bei Actium (31 v. u. Z.) nahm er sie sogar mit wie zu einer Lustfahrt. Er verlor die Schlacht an Octavian und ging mit seiner königlichen Geliebten in den Freitod.

Mit der östlichen Reichshälfte, die Antonius verwaltet hatte, fiel Octavian nun auch Ägypten zu. In eine römische Provinz verwandelt, blieb es Domäne des Kaisers und wurde Roms bedeutendster Kornlieferant. In Italien baute man, wie es den Bedürfnissen des Wohllebens in allseitigem Frieden entsprach. vorwiegend Wein an, so daß der Hauptstadt bei Störungen im Verkehr der gewaltigen Getreideflotte eine Hungersnot drohte.

Kaum mit Octavian verfeindet, hatte Antonius keine Gelegenheit ausgelassen, Nachteiliges über den erfolgreichen Jüngling zu verbreiten. Auch andere Quellen bezeugen, daß es mit dem Mut und der Feldherrenbegabung des späteren Augustus nicht zum besten stand. In entscheidenden Schlachten standen ihm Freunde zur Seite, die ihre Pflichten kannten. Als seine Schiffe bei Mylae gegen den Sohn des Pompejus kämpften, lag er starr auf den Planken, bis ihm der Sieg gemeldet wurde. Der eigentliche Held war Marcus Agrippa, sein späterer Schwiegersohn. Daß Octavian seinem vergöttlichten Großonkel als Lustknabe gedient und sich einem anderen einflußreichen Päderasten für eine mittlere Summe verkauft hätte, klingt nach gehässigem Zusatz.

Drei Ehen brachten auch Augustus keinen leiblichen Sohn. Sooft er seine Nachfolge überdachte, sah er sich an Stiefkinder und Schwiegersöhne verwiesen. Der Gründung einer Dynastie war sein Verhältnis zum weiblichen Geschlecht allerdings auch nicht förderlich. Die erste Ehe mit Clodia wurde kinderlos geschieden. Scribonia, die zweite Gattin, gebar ihm 39 v. u. Z. seine einzige Tochter Julia. Sie mußte bald das Schicksal ihrer gleichnamigen Großcousine, der Tochter Caesars, teilen und sich politisch verheiraten lassen. Ein Bruder hätte ihr das vielleicht erspart. Es gehörte aber zu den offenen Geheimnissen der Stadt, daß Octavian sich gern mit anderen Frauen abgab. Kein geborener Sieger wie sein Adoptivvater, eher schüchtern, war er auf die Kupplerdienste guter Freunde angewiesen. Fanden sich Willige, hielt sich der von Begehrlichkeit geplagte Mann, dessen Zeit knapp bemessen war, nicht mehr zurück. Bei dem Sklavenhändler Toranius ließ er sich die Anwärterinnen nackt vorführen, um ohne langes Werben und ohne die Täuschungskünste von Schneidern rasch seine Wahl zu treffen. Äußerlich gehemmte Menschen legen, fühlen sie sich mächtig genug, dem anderen Geschlecht gegenüber alle Scham ab. Die Ehe mit Scribonia scheiterte daran, daß sie ihm zu oft derlei vorhielt. Das Paar wurde geschieden, und das hieß damals: Er verstieß sie.

Auf der Suche nach seiner dritten Gattin verlor Octavian nicht viel Zeit. Es genügte, wenn sie ihm gefiel. Daß Livia Drusilla bereits verheiratet war und einen Sohn hatte, daß sie mit einem zweiten Kind schwanger ging, nötigte ihm keine Rücksicht ab. War Liebe im Spiel? Livia ließ sich entführen. Octavian zwang den betrogenen Gatten, ihr den Scheidebrief zu schicken. Der Sohn, den sie danach gebar, Drusus, wurde ein gefeierter Feldherr des Kaisers. Der Sohn, den sie schon hatte, trug noch den Namen seines richtigen Vaters: Tiberius. Auch dieser Stiefsohn gewann für den Kaiser manche Schlacht; es wurde ihm wenig gedankt.

So überstürzt diese Heirat zustande kam, sowenig anständig ihre Vorgeschichte war: Augustus traf eine gute Wahl. Über den Kindersegen ließ Juno nun nicht mehr mit sich reden, aber sonst war sie dieser Ehe gewogen. Immer angewiesen auf die Dienste verständnisvoller Freunde, erhielt der Kaiser in Livia Augusta, wie die Kaiserin genannt wurde, einen vielseitigen weiblichen Freund. Ihre Marmorbüsten lassen ahnen, daß sie schön und klug war. Sie übernahm auch den Freundschaftsdienst, ihrem Mann, der auf Abwechslung im Bett nicht verzichtete, bei der Werbung um diese oder jene Geliebte über die Hemmschwelle zu helfen. So war sie stets über seine Abenteuer unterrichtet.

Augustus fehlten der Charme und die Milde, die seinem

3 Livia

Großonkel, so rücksichtslos er war, manche Sympathie einge-
bracht hatten. Im Bürgerkrieg trieb ihn Jähzorn zu Greuelta-
ten, die ihm nie vergessen wurden. Für eine Diplomatie nach
innen und außen hatte sein Auftreten zuwenig Gewinnendes.
Auch darin ergänzte ihn Livia glänzend. Zuvor war es Maecenas gewesen, der, ohne ein Amt anzustreben, schwierige
Verhandlungen geführt hatte, bei denen dem Kaiser der Ge-
duldsfaden gerissen wäre. Vergil und Horaz verdankten ihm,
nachdem der Machtantritt Octavians ihr Leben zerstört hatte,
bald wieder die Gunst des Kaisers. Die Frau des Maecenas
mußte sich allerdings von Apollo verführen lassen: In gehei-
mer Tischgesellschaft legte Augustus mit seinen Vertrautesten
gern die Gewänder der zwölf vornehmsten Gottheiten an, und
er selbst behielt sich die Rolle des schöngelockten Lichtgottes
vor, dem niemand widerstehen durfte. Noch mehr liebte Augustus das Würfelspiel, von dem auch sein gemeinster Soldat
die Finger nicht lassen konnte. Bestimmte Zahlenverhältnisse
ergaben Figuren mit festen Namen. Wer die »Venus« warf,
bekam alles,

Dem Ersten Bürger blieb wenig Zeit, sich um die erste Familie des Reiches zu kümmern, obwohl er beiden vorstand.
Neue Gesetze sollten die Ordnung wiederherstellen. Augustus
griff Caesars Programm auf, aber die Aussöhnung mit den
Patriziern, die im Senat trotz aller Säuberungen und Schika-
nen ihren Widerstand gegen plebejerfreundliche Politik nicht
aufgaben, erforderte Zugeständnisse an das Vorrechtsdenken
des Adels. Der Ritterstand war aus einer sich selbst finanzie-
renden Bürgermiliz zu einer Art niederen Adels herangewach-
sen, der nach Ehrenstellen strebte und oft ein Vermögen vor-
wies, das für die Aufnahme in den Senat genügte. Aus der
Plebs erhob sich eine ehrgeizige Geldnobilität. Und noch
immer mußten die Ärmsten der Freien, die Mittellosen, Er-
werbslosen, Verkommenen, aus öffentlichen Mitteln verköstigt
werden. Zugeständnisse über Zugeständnisse verlangte die
»concordia ordinum«, die Eintracht der Stände, doch sie blieb
ein Wunschbild. Die Bürgerkriege hatten viel Geld und noch
mehr Menschen verschlungen. Das Übriggebliebene unter den

Überlebenden so zu verteilen, daß sich niemand zu kurz gekommen fühlte und doch eine staatserhaltende Schicht von Besitzenden erstarkte, war eine Aufgabe, der Quadratur des
Kreises vergleichbar. So sollten wenigstens die Reichen und
Reichgewordenen behalten, was sie hatten.

Was ihnen fehlte, war der Glaube an die olympischen Götter. Augustus erkannte, daß dieser Mangel sowohl die Sitten
als auch den Frieden gefährdete. Wer sich keinem göttlichen
Gesetz unterwirft, ist immer aufgelegt, dem anderen, ob römischer Mitbürger oder barbarischer Nachbar, etwas abzuja-
gen. Caesars Programm war zu wirtschaftlichen Ursachen für
den Bruderzwist der Römer vorgedrungen. Augustus zog sich
auf die Behandlung von Symptomen zurück. Der Rat an seine
Nachfolger, die Reichsgrenzen nicht mehr auszudehnen, war, so
klug er sich anhörte, eine Lehre aus der Niederlage des Varus
im Teutoburger Wald. Er wurde nicht beherzigt. Vergeltungs-
aktionen gegen Germanien, Britannien, Armenien dauerten
unter den folgenden Kaisern an. Noch hundert Jahre später
führte Trajan auf dem Balkan und im Orient Eroberungs-
kriege, die seinen Haushalt an den Rand des Ruins brachten.

Die Wiederherstellung der Götterkulte, die Augustus betrieb, versuchte der aufgeklärten Skepsis seiner Standesgenos-
sen zu begegnen. Mit durchschlagendem Erfolg war nicht zu
rechnen, zumal er selbst sie teilte. Fremde Kulte, die Sklaven
und Freigelassene nach Rom brachten, galt es zurückzudrän-
gen. Augustus gab viel Geld für neue Götterbilder, Tempel
und Priesterkollegien aus und bereitete damit seine eigene
Vergöttlichung vor. Ob es sein Geld war, läßt sich nicht entscheiden, denn eine Trennung zwischen seinem Fiskus und der
Staatskasse gab es nicht; sie wurde erst unter Nero eingeführt.
Wer nicht glaubte, sollte wenigstens, wie er selbst, so tun.
Damit ließ sich Bestehendes erhalten.

Als Ehemann wußte Augustus am besten, wie sich ein
Schein pflegen läßt. So gerieten auch seine neuen Ehegesetze
exemplarisch konservativ. Was er selbst sich fortwährend erlaubte, sollte keinem anderen mehr erlaubt sein. Ehebruch zog
wieder die Strenge der Vorväter nach sich: Vermögensver-

lust in verschiedenen Graden, Verbannung, Ehrlosigkeit für alle Beteiligten, auch die Kuppler. Mit harter Miene rief Augustus die Götter hinter sich, um seinen Gesetzen Wirkung zu verschaffen. Kinderlosigkeit brachte hohe Steuern und Nachteile im Erbrecht. Die römischen Lebemänner sollten ihre Kinderscheu bezahlen. Wem eine Zweckheirat oder eine Scheinehe die Freuden der Venus versagte, der suchte die gewerblichen Venusdienerinnen auf, die ihr Handwerk verstanden. Aber auch die Prostitution wurde verfolgt. Der Luxus setzte sich drastischen Steuern aus. Das Laster verteuerte sich in jeder Hinsicht. Es fehlte nur ein Gesetz, das dem Herrscher vorschrieb, wofür er diese Gelder ausgab.

Augustus mochte sich als Ausnahme betrachten – seine Strenge fiel dennoch auf ihn zurück und überschattete sein Alter. Die Kinderarmut brachte ihm Sorgen um die Nachfolge. Julia, die einzige Tochter, wurde zuerst mit Claudius Marcellus, dem Neffen des Kaisers, verheiratet. So hatte der junge Mann, der beim Volk beliebt war, doppelte Hoffnung, der nächste Kaiser zu werden. Aber Marcellus starb früh. Nun hatte zur Heirat mit Julia der erfolgreiche Feldherr Marcus Vipsanius Agrippa anzutreten. Auch ihn überlebte der Kaiser. Der Stiefsohn Tiberius kam an die Reihe, Livias Ältester aus erster Ehe. Auf seinem Weg vom Stiefsohn über den Schwiegersohn zum Kaiserlorbeer lag manche Demütigung. Die Hochzeit mit der zweifachen Witwe war ein dienstlicher Befehl, der ihm mehr zumutete als die Feldzüge in Germanien, Pannonien und Armenien: Tiberius war bereits verheiratet, und der Gehorsam verlangte, daß er sich erst einmal scheiden ließ. Ein schweigsamer Mensch, der nicht gern von sich reden machte, der dem Feldherrensattel noch immer die Bibliothek vorzog, blieb er sowohl auf dem Schlachtfeld als auch im Ehegemach immer im Schatten seiner Vorgänger. Julia gewann ihren politischen Ehen nichts ab. Sie liebte nicht nur tapfere Krieger, die monatelang für ihren Vater im Felde standen, sondern auch schöne Männer, die sich für sie Zeit nahmen. Vor der Öffentlichkeit ließ sich das eine Weile verbergen, vor dem Gatten nicht. Angewidert zog sich Tiberius für ein paar Jahre auf die Insel Rhodos zurück, um griechische Gelehrte zu hören und philosophische Schriften zu lesen. Als sich Julias Affären nicht mehr vertuschen ließen, raffte sich Augustus schweren Herzens dazu auf, seine einzige Tochter auf die öde und ungesunde Insel Pandateria zu verbannen. Es half ihr nichts, daß sie dem Kaiser fünf Enkel geschenkt hatte. Die eheliche Geburt dieser Kinder wurde trotz des Lebenswandels ihrer Mutter nie bezweifelt. Gefragt, weshalb ihre drei Söhne ihrem Gatten so ähnlich sähen, soll sie geantwortet haben, sie nähme nur Fahrgäste in ihr Schiff, wenn es schon beladen sei.

Ihre Tochter, wie alle ihre Kinder aus der Ehe mit Agrippa, die dritte der politisch verheirateten Julien, hatte von der Mutter gelernt, wie man es macht, war aber nicht geschickter, es zu verheimlichen. Auch sie wurde ertappt, auch sie wurde verbannt. Ovid wurde, nachdem er sich mit dem Vortrag seiner Liebesgedichte vielleicht die Gunst der kaiserlichen Damen erworben hatte, unfreiwillig Mitwisser. Jemand wollte ihm übel und zeigte Augustus die Schriftrollen mit dem verfänglichen Titel »Die Kunst zu lieben«. Er wies auf bestimmte Stellen, die das Liebesleben in der Ehe als fade Gewohnheit abtaten. Dem Kaiser, der Geldheiraten und Vernunftehen gesetzlich gefördert hatte, mußte ein Dichter, der in der Liebe kein anderes Gesetz gelten ließ als Gegenliebe und gemeinsame Wonne, subversiv erscheinen. Ovid wurde, als wäre er der Kuppler gewesen, in lebenslängliche Verbannung geschickt.

Als Augustus 14 u. Z. hochbetagt starb, hatte er Mars und Venus viel zu danken. Juno, zeitweise geneigt, war seiner Familie nicht hold geblieben. In seinen letzten Worten soll er die Umstehenden aufgefordert haben, Beifall zu klatschen, seine Komödie sei beendet: »Plaudite amici, comoedia finita est!« Nach der Feuerbestattung seines Leichnams beeidete vor dem Senat ein gewisser Numerius Atticus, er hätte mit eigenen Augen den Vergöttlichten gen Himmel fahren sehen. Die kaiserliche Witwe ließ ihm dafür ein ansehnliches Geldgeschenk zukommen.

4. Der »Bock auf der Ziegeninsel«

Tacitus, Sueton, Cassius Dio, Plutarch, Geschichtsschreiber und Biographen, auf die sich unsere Kenntnis der frühen römischen Kaiserzeit stützt, blickten selbst aus einer anderen auf sie zurück. Sympathien für den Senat bestimmten ihre Urteile. Caesar und Augustus galten als verdienstvolle Gründer einer unvermeidlichen neuen Herrschaftsform. Hielt der Chronist Nachteiliges über sie fest, verneigte er sich vor dem Gebot der Wahrhaftigkeit. Mit Tiberius (42 v. u. Z.–37 u. Z.) beginnt eine Reihe von Herrschern, denen die Quellen nicht gewogen sind. Wo die Laster der Cäsaren genannt werden, macht ein hämisch moralisierender Ton mißtrauisch. Aber die überlieferten Tatbestände bestätigen einander oft durch eine innere Logik, die auf Wesenszüge dieser Herrscher schließen läßt. Schon für die hellenistischen Despoten, für Caesar und Augustus bedeutete der Nimbus, von Göttern abzustammen, ihr Liebling zu sein, aus ihren Händen die Weltherrschaft empfangen zu haben und dereinst in ihren Kreis erhoben zu werden, zuerst, daß sie sich alles erlaubten. Die Verantwortung für das Gemeinwesen war ohnehin zu groß, als daß ein einzelner sie wirklich hätte tragen können. Die Behauptung einer Macht, die keiner Aufgabe treu bleibt außer der, sich selbst zu erhalten, prägt die Gesichter. Die Geschichtsschreibung mag den einen oder anderen Willkürakt fälschlich dem Kaiser zuschieben, um Mittäter, die oft genug selbst auf den Senatsbänken saßen, zu entlasten. Menschen, denen unumschränkte Macht über den größten Teil der zu ihrer Zeit bekannten Welt in die Hände gerät, ohne daß sie hinreichend darauf vorbereitet wären, ist gewiß nicht weniger zuzutrauen, als uns die Quellen erzählen.

Tiberius nahm 14 u. Z. die Herrschaft am Sterbelager des Augustus aus den Händen Livias entgegen. Der mütterliche Ehrgeiz war ihm nicht willkommen. Mehrmals deutete er an, er wolle auf die Würde verzichten, um die Bürde loszuwerden. Er hatte die Mitte der Fünfziger überschritten, kannte das kaiserliche »Familienleben« so gut wie die Machenschaf-

4 Tiberius

ten der Kanzleien und, fand einen Senat vor, der in seiner Servilität jeden Versuch, mit ihm zu reden, vereitelte. Unter Augustus hatten die Senatoren gelernt, dem Kaiser immer recht zu geben. Fragte Tiberius nach ihrer wahren Meinung, witterten sie eine besonders heimtückische Falle und hielten sich verdeckt. Gerade am Anfang hätte Tiberius ihre Hilfe gebraucht. Die Staatslehren der Griechen von Platon bis Aristoteles hatten ihm auf Rhodos vermutlich alle Nachteile einer Monarchie verdeutlicht. Eine Weile träumte er davon, den Senat ohne Ersten Bürger weiterregieren zu lassen wie zur Zeit der Republik. Mit einem Hinweis auf seine Sicherheit wird ihm Livia das rechtzeitg ausgeredet haben: Wer einmal der Erste war, kann nie wieder als einfacher Bürger durch Rom gehen. Von seiner greisen Mutter erhielt er die Hilfe, die ihm der Senat vorenthielt, in einem Maß, das ihm bald lästig wurde.

Tiberius fand eine Zwischenlösung. Er gab seine Befugnisse nicht aus den Händen, kehrte aber Rom den Rücken, machte sich die Bürde leichter, ohne auf die Würde zu verzichten, schaffte sich die mütterlichen Einflüsterungen aus dem Ohr und den kriecherischen Senat aus den Augen, ohne auf das entscheidende Machtwort zu verzichten. Auch die Enge der leiblichen Bewachung lockerte er, damit sie ihn beim Genuß kaiserlicher Vorrechte nicht mehr so empfindlich störte. Rhodos hatte ihn mit einem beschaulichen, zurückgezogenen Inselleben vertraut gemacht. Nun entdeckte er auf unsteten Reisen durch Campanien die Insel Capreae, heute Capri, die schon Augustus bei der Stadt Neapel gegen Aenaria, heute Ischia, eingetauscht hatte. Weidende Ziegen gaben ihr den Namen. Dem malerischen Golf vorgelagert, boten ihre felsigen Steilküsten, Wiesenhöhen und Waldschluchten Schönheit und Sicherheit. Für gefährliche Kriegsschiffe war der Hafen zu klein. Aber ein Leuchtturm wies der Kornflotte den Weg, wenn sie, aus Ägypten kommend, Puteoli anlief. Solange der Kaiser das Korn in der Hand hatte, gehörte ihm Rom, auch wenn dort nur ein Stellvertreter gebot.

Auf dem Ostteil der Insel ließ Tiberius zwölf prachtvolle

Villen errichten, benannt nach den ranghöchsten Göttern. Die des Jupiter, die Villa Jovis, bezog er selbst. Elf Jahre verbrachte er in dem aufwendigen Idyll, ohne je wieder Rom zu betreten. Als er einen Versuch unternahm, auf den Palatin zurückzukehren, wurde ihm noch vor den Toren der Stadt übel. Auf der Via Appia ließ er den Reisetroß anhalten, betrachtete lange die Mauern und Hügel und befahl, umzukehren. Zu den Namensgebern der Villen auf Capreae gehörten gewiß auch Mars, Venus und Juno. Tiberius hatte Grund, sich von diesen Göttern verlassen zu fühlen. Die Versuche seiner Feldherren, in Germanien wieder Fuß zu fassen, schlugen fehl. Juno hatte weder seine erste Ehe gerettet, als Augustus die Scheidung erzwang, damit er Julia heiratete, noch war sie der zweiten hold gewesen. Zu einer dritten entschloß er sich nicht. Auch Venus begann ihm fühlbar die kalte Schulter zu zeigen. Die Kraft, eine Frau glücklich zu machen, stellte sich immer seltener ein. Sein Gesicht und seinen Körper entstellte ein Ausschlag, der sich unaufhaltsam ausbreitete. Nach seinem Machtantritt hatte er wenig Scheu gezeigt, sich für die Bürde an der Würde schadlos zu halten. Skandal machte nur eine gewisse Mallonia, weil sie sich weigerte. Erpresserisch schleppte Tiberius sie vor Gericht. Noch während des Prozesses vergaß sich der Herrscher so sehr, daß er seine Angebote wiederholte. Mallonia stieß sich nach dem Vorbild Lucretias einen Dolch in die Brust, nicht ohne laut den »alten stinkenden Bock« zu verfluchen. Als ihm zwei Knaben gefielen, die ihm, dem obersten Priester, bei einer Opferhandlung halfen, nahm er sie schleunigst mit nach Hause, ohne auch nur den Schein des Anstands zu wahren. Die Unbeherrschtheit verlor sich mit dem Alter. Auch der Wein zähmte seine Lüsternheit. In den Kummerjahren mit Julia und bei den Soldaten im Heerlager hatte er sich das Trinken angewöhnt. Bald hing ihm ein Spitzname an: Statt Tiberius Claudius Nero nannte man ihn hinter seinem Rücken Biberius Caldius Mero. Das bedeutete: Er säuft, damit ihm heiß wird, und mischt den Wein nicht einmal mit Wasser. Das galt als besonders zügellos, und bei der Schwere südlicher Weine halten es tatsächlich nur Trunkenbolde durch. Besäufnisse mit Freunden endeten mit der Vergabe einflußreicher Ämter.

Capreae, die Ziegeninsel, warf über diese Ausschweifungen den Schleier des Geheimnisses, der aber die Neugier anfeuerte, so daß vieles bekannt wurde. In der Jupitervilla stellten Gemälde, Plastiken und Reliefs vorzugsweise die Freuden der Venus dar, und die Schlafgemächer enthielten Meisterwerke erotischer Kunst. In den Ruinen blieb nichts davon erhalten, und vielleicht war es nur Kitsch. Atalante war zu sehen, wie sie den Helden Meleager mit dem Mund erregte. In der Bibliothek hatten Pornoschriften ihren Platz. Überliefert sind uns nur die Namen einiger Verfasser. Noch unter Augustus verweist Ovid ärgerlich auf das platte Machwerk eines Eubius, um sich davon abzugrenzen. Tiberius las die frivolen Abenteuer einer gewissen Elephantis. Auch eine Philainis wird als Dichterin seichter Erotik erwähnt. Das »Dodekatechnon« des Paxamos beschrieb zwölf Stellungen der Liebe.

Mit Kunstwerken oder solchen, die es sein wollten, begnügte sich Tiberius nicht. An der Tafel ließ er sich immer von nackten Mädchen servieren. Allenfalls durchsichtige Gewänder aus koischer Seide durften sie tragen. Im azurenen Schimmer, der das Wasser der Blauen Grotte erhellte, schwamm er umringt von Mädchen und Jungen, die dazu abgerichtet waren, ihn an erogenen Körperteilen zu küssen. Er nannte sie seine »Fischlein«. Berichtet wird auch, er hätte sich Säuglinge, die noch nicht entwöhnt waren, an Brustwarzen und Schamteile legen lassen.

Dafür kann es nur wenige Zeugen gegeben haben. Es wäre auch gut erfunden. Denn was der Kaiser seine Vertrauten sehen ließ, verrät die Begehrlichkeit eines Mannes, der das Begehrte kaum noch ausführen kann. Tiberius frönte der Mixoskopie, der Betrachtung obszöner Schaustellungen. In den Parks auf Capreae führten ihm und seinen Begleitern ausgesuchte Paare die Freuden der Venus in ungewöhnlichen Techniken vor. Lauben und Grotten luden ein, sich daran zu beteiligen. Das Verlangen des Kaisers verlagerte sich auf die Skopophilie, die Sucht, Obszönitäten zu sehen. Er bevorzugte eine aufwendige erotische Akrobatik: Entsprechend geübte und ausdauernde Jünglinge und Mädchen führten Dreierfiguren vor oder bildeten Ketten. Tiberius nannte sie seine »Spintrier«, am treffendsten zu übersetzen mit »Strammsteher«, denn ein Ausdruck aus dem Bereich des Mars wurde für den der Venus umgedeutet. Einer von ihnen war der spätere Kaiser Vitellius.

Wo herkömmliche Kinäden mit ihren wollustentfachenden Manipulationen versagten, mußten diese Zugnummern herhalten. Sie bauten auf genau verteilten und fachmännisch bezeichneten homo- und bisexuellen Rollen auf. Der Pathicus ließ sich vom Pedico gebrauchen, während er als Fututor mit der Frau das Normale tat. Der Mund mußte sich den Irrumator gefallen lassen. Die Zunge führte bei einem beliebigen Partner die Fellatio aus. Der Cunnilinguus diente mit seiner Zunge der Frau. Frauen mußten auch Irrumation und Pedikation über sich ergehen lassen. Enthaarungskünstler und Salbenspezialisten sorgten für glatte Nacktheit am ganzen Körper. Dem greisen Kaiser gefiel es, zuzuschauen, wie die Geschlechter einander in ausgeklügelter Rollenverteilung als Lustobjekte behandelten. Venus hatte ihm endgültig den Rükken gekehrt. Für den Mann auf der Straße war er der »Bock auf der Ziegeninsel«.

Es kümmerte die römischen Bürger wenig, woher die sexuelle Frustration ihres Kaisers kam. Zurücksetzung unter Augustus, eine erzwungene Scheidung, Verletzungen durch Julias Untreue, Verklemmungen durch die lange Bevormundung mütterlicherseits erregten niemandes Mitleid. Rom litt unter der Willkür seines Stellvertreters. Während Tiberius auf Capreae einer spröden Venus nachstellte, war Rom dem Mars ausgeliefert: Aelius Sejanus, Präfekt der Prätorianer, einer streng ausgebildeten, vorzüglich ausgerüsteten Spezialtruppe zum Schutz des Kaisers, seiner Familie und seiner Institutionen, hatte einmal Tiberius das Leben gerettet. Das verschaffte ihm einen Vertrauensschatz, den er skrupellos mißbrauchte. Mit Giftmorden räumte er in der kaiserlichen Familie auf. Ein möglicher Erbe nach dem andern starb auf rätselhafte Weise. Wer zu genau beobachtete oder mehr erfuhr, als er durfte, fiel tückischen Denunziationen zum Opfer, die mit ermüdender Regelmäßigkeit zu Majestätsprozessen führten. Es genügte die Meldung, jemand hätte eine silberne Büste des Kaisers für Tafelgeschirr einschmelzen lassen, und er verlor den Kopf. Tiberius ließ alles geschehen. Mochten Unschuldige sterben, seine Sicherheit ging vor. Aber Platons Warnung sollte sich bestätigen: Was einer beschützt, das kann er auch stehlen. Als nur noch der Kaiser selbst dem Ehrgeiz des Präfekten im Weg stand, wurde er entlarvt. Nun fiel auch der Kopf des Sejanus. Viele seiner Helfershelfer blieben ungeschoren. Eine Aufklärung hätte dem Ansehen des Staates geschadet. Die meisten Freunde des Usurpators waren noch rechtzeitig kaisertreu geworden. Die Willkür der Behörden nahm kein Ende. Sie geschah anonym, sie verbarg sich hinter einer Bürokratie, die desto undurchdringlicher wurde, je weiter man sich von Rom entfernte. Die Abwesenheit des Autokraten machte die Hauptstadt selbst zur Provinz. Ämterzuweisungen, die Tiberius nach mehrtägigen Saufgelagen vornahm, lassen auf die Beamten und ihr Pflichtgefühl schließen. Schamlosigkeit im Privatleben fand eine genaue Entsprechung in schamloser Politik. Vielleicht waren Tiberius die Gedanken Epikurs einleuchtend erschienen, Schmerz sei das größte Übel und Lust das höchste Gut, Macht schütze zwar vor Menschen, der Weise tue aber gut daran, im Verborgenen zu leben. Daß der Senat den Epikureismus geringschätzte und den Tugendlehren der Stoa huldigte, brauchte ihn nicht zu stören. Aber Macht vertrug sich nicht mit einem Leben im Verborgenen, und ein gebrochener Charakter konnte epikureische Lehren nur in vulgären Verzerrungen befolgen, die sich verhängnisvoll auf seine Herrschaft auswirkten. Unter Tiberius mehrten sich die Repressalien gegen unruhige Provinzen. Besonders schwer hatte Judaea zu leiden. Der Konflikt mit dem unterjochten Volk, das sich einer monotheistischen Religion verschrieben hatte und sich dem Kult vergöttlichter Kaiser verweigern mußte, beschäftigte die Römer noch gute hundert Jahre. In die Zeit, als Tiberius auf Capreae lebte und in Rom

Sejanus wütete, fällt das Schandurteil über Jesus von Nazareth, das der römische Statthalter zwar nicht verhängte, aber auch nicht verhinderte. Man erkennt den Zeitgenossen in Pontius Pilatus, der sich die Hände wusch und fragte: »Was ist Wahrheit?«

Wieder einmal auf der Rückkehr von einer abgebrochenen Reise nach Rom, sank Tiberius 37 u. Z. zu Misenum in der Villa des Lucullus aufs Sterbelager. Sein Großneffe Gajus Caesar und der Arzt Charikles halfen mit Kissen nach. Tiberius war so unbeliebt, daß man sich die Mühe sparte, es zu verheimlichen. Gegen die Vorkehrungen für ein Staatsbegräbnis schrie in Rom eine Volksmenge an: »In den Tiber mit dem Tiberius!« Das ging Gajus Caesar, dem einzigen männlichen Erben, der dem Sejanus entgangen war, zu sehr an die Staatsräson. Er verzichtete lediglich darauf, dem Senat eine Vergöttlichung des Tiberius zu empfehlen. Mit Spitznamen hieß er Caligula, das Stiefelchen. Als Kind hatte er am Rhein im Heerlager seines Vaters Germanicus gelebt und die Kleidung des Mars liebgewonnen. Germanicus, Sohn des Drusus und Enkel der Livia, war im Volk überaus beliebt gewesen, aber überraschend, wahrscheinlich durch Gift, gestorben. Denen, die ihn gern als Kaiser gesehen hätten, galt Tiberius als der Schuldige. Vielleicht aber steckte Livia dahinter, die ihrem Sohn den Enkel aufopferte. Tiberius hatte getreu dem Wort des Horaz den Pöbel verachtet und niemals Gladiatorenspiele und Zirkusrennen gegeben. Nun wurde ihm sein Mangel an Leutseligkeit heimgezahlt, und die Menge taumelte einem Schlimmeren in die Arme. Als Caligula in Rom einzog, umjubelte sie ihn nichtsahnend mit Koseworten wie »Sternchen«, »Püppchen«, »Schoßkind« und »süßer Kleiner«.

5. Roms vornehmstes Freudenhaus

Caligula (12–41 u. Z.) war erst der zweite Nachfolger des Augustus, doch schon geriet der Prinzipat, die neue Herrschaftsform mit einem Kaiser an der Spitze eines Weltreiches, zur

Farce. Tiberius hatte die Macht widerwillig übernommen, ihren Preis nicht zahlen wollen und sie doch mit Schrecken verteidigen müssen. Caligula hatte fast seine ganze Familie durch Giftmorde verloren. Er gierte nach Macht, um mit ihr umzuspringen und Rache zu üben. Auf Capreae war er trotz seines Ranges als »Erster der Jugend« verspottet und gedemütigt worden. Sogar Sklaven hatten ihn verhöhnen dürfen. Die vier Jahre seiner Regierungszeit gaben zu Spekulationen Anlaß, ob sie das irrwitzige Drama eines Verrückten waren.

Ein halbes Jahr nach seinem Machtantritt veränderte eine schwere Krankheit sein Wesen. Die Quellen bezeugen Symptome, die auf eine Gehirnhautentzündung oder auf die akute Phase einer einsetzenden Schizophrenie schließen lassen. Aber die Machtfülle, die in die Hände dieses Fünfundzwanzigjährigen geriet, hätte auch kleinere Gebrechen ins Überdimensionale gesteigert. Es genügte, daß ein Mensch Alleinherrscher wurde, den zuvor ein vielfach Gebrochener gebrochen hatte.

Populäre Maßnahmen hatten ihm den Sommer über die Volksgunst gesichert. Er hob Urteile aus der Zeit des Tiberius auf und ließ sein Testament wegen mangelnder Zurechnungsfähigkeit des Verstorbenen annullieren, er rehabilitierte die Hinterbliebenen Geächteter und Hingerichteter, nahm Steuern zurück, senkte Preise, ließ schwarze Listen öffentlich verbrennen. Mit den Spintriern des Tiberius rechnete er ab, doch nicht mit allen. Die Fiebertage des Herbstes brachten ein schreckliches Erwachen: Jemand hatte in kriecherischem Leichtsinn gelobt, für die Genesung des Kaisers sein Leben zu opfern. Caligula, kaum vom Krankenlager aufgestanden, befahl, daß er in der Arena focht und starb. Fortan zitierte er gern den Dichter Accius: »Mögen sie mich hassen, wenn sie mich nur fürchten!«

Die Todesurteile nahmen wieder zu, das Verbot, freigeborene Römer zu foltern, wurde mißachtet. Der Kaiser sah Folterungen gern zu, frühstückte dabei und schäkerte mit Frauen. Nach Jahren der Angst vor allem und jedem genoß er überrascht und erstaunt die Qualen derer, die ihm ausgeliefert waren. Ein plötzliches Gelächter an der Tafel erklärte er damit,

5 Caligula

ihm sei eingefallen, daß er beide Konsuln, die höchsten Staatsbeamten, sofort köpfen lassen könnte. Sein Hohn auf alle Institutionen, die Augustus formell aus der Republik übernommen hatte, gipfelte in dem Vorschlag an den Senat, sein Lieb-
lingspferd Incitatus zum Konsul zu wählen. Senatoren waren
ein beliebtes Ziel seiner ausgeklügelten, sarkastischen Schika-
nen. Besonders auf Leute mit schönem Gesicht und wohlge-
bautem Körper hatte er es abgesehen, als trübten sie den
Glanz seiner eigenen Erscheinung. Ihm sei alles erlaubt, ver-
kündete er, und so stellte er unmißverständlich seinen Adel
und sein gutes Verhältnis zu den Göttern klar: Durch die Ehe
mit Agrippa hatte ihm seine Großmutter Julia plebejisches
Blut vererbt. Diesen Makel hoffte er zu tilgen, indem er öffentlich behauptete, seine Mutter wäre die Frucht eines In-
zestes des Augustus mit der eigenen Tochter gewesen. Auf
einen Platz im Kreis der Götter wollte er durchaus nicht bis
zu seinem möglichst fernen Ableben warten. Er befahl, zahlreichen Götterbildern die Köpfe abzuschlagen und sein eigenes Bildnis daraufzusetzen, ließ sich ein goldenes Standbild
in Lebensgröße gießen, einen Tempel errichten und stiftete
dafür ein Priesterkollegium. Wie Jupiter selbst ließ er sich
den »Besten« und »Größten« nennen. Im Jupitertempel auf
dem Capitol stieg er mitunter ans Ohr der Kolossalstatue,
flüsterte etwas hinein und lauschte, als empfinge er Anweisun-
gen des Göttervaters. Nach Vollmondnächten streute er aus,
er hätte mit der Mondgöttin Luna geschlafen.

Bunt war der Kreis derer, mit denen er wirklich schlief. Zu
heiraten und sich scheiden zu lassen gehörte zu seinen Launen.
In seinem kurzen Leben von neunundzwanzig Jahren brachte
er es auf fünf Ehen. Junia Claudilla starb jung, bevor er Kaiser wurde. Ennia Naevia nahm er seinem Gardepräfekten
Macro weg. Er ließ sich scheiden, sobald er sie satt hatte.
Ähnlich erging es Livia Orestilla, die er von ihrer Hochzeit
mit einem anderen fortholte, und Lollia Paulina, die er eigens
aus der Provinz kommen ließ, als ihm die Schönheit ihrer
Großmutter gerühmt wurde. Gerade seinen Gefolgsleuten die
Frauen wegzunehmen bedeutete ihm anscheinend viel. Lei-

denschaft entwickelte er in der Ehe mit der dicken, ordinären Caesonia, die ihm auch eine Tochter gebar.

Da er sich als göttliches Wesen fühlte, nahm er sich die Geschwisterehe Jupiters mit Juno zum Vorbild. Eine staatserhaltende Entsprechung unter Sterblichen fand er bei den Pharaonen Ägyptens. Caligula unterhielt mit seinen drei Schwestern inzestuöse Beziehungen. Auch das mußte ihm ja erlaubt sein. Bei Livilla und Agrippina, die in ihrer Ehe mit Domitius Ahenobarbus dann Neros Mutter wurde, lockte ihn vielleicht nur der Reiz des Verbotenen. Drusilla war er verfallen. Mit ihr wollte er schon im Kindesalter von der Großmutter ertappt worden sein. Ohne sich um ihre Ehe mit Aemilius Lepidus, dem Nachfolger Macros im Oberbefehl über die Prätorianer, zu kümmern, zeigte er sich öffentlich fast immer mit Drusilla: ein pharaonisches Paar. Auch Drusilla erhielt göttliche Ehren, und wer auf den Genius des Gottkaisers schwor, durfte den Schwur auf den Genius seiner Schwester nicht weglassen. Als Drusilla starb, reiste er überstürzt nach Sizilien, um die Weihen dunkler Mysterienkulte zu empfangen, ließ sich einen Bart wachsen und war fast ein halbes Jahr für niemanden zu sprechen.

Danach war jede Frau, die ihm gefiel, Freiwild. Einladungen zum Gelage waren Befehle. Eine Weigerung zog die empfindlichsten Repressalien gegen die gesamte Familie nach sich. Caligula verschwand mit der Erwählten von der Tafel und schilderte nach seiner Rückkehr den Gästen genauestens, was er gesehen und genossen hatte, nicht ohne wie der gemeinste Sklavenhändler auch Mängel und Fehler hervorzuheben. Eine ausgesuchte Demütigung bedeutete es für die Senatoren, deren Frauen er sich auslieh, daß er zugleich mit der stadtbekannten Hure Pyrallis verkehrte und seinen Liebling, den Pantomimen Mnester, mit Liebkosungen überhäufte.

Zur letzten, unüberbietbaren Frechheit trieb ihn Geldmangel.

Es erwies sich als kostspielig, sich alles zu erlauben und die Römer dennoch bei Laune zu halten. Gladiatorenspiele und Zirkusrennen rissen kaum noch ab. Caligula versuchte sich selbst als Gladiator beliebt zu machen. Fußgänger, die schon nachts zum Amphitheater gingen, um sich Plätze zu sichern, und dabei seinen ohnehin scheuen Schlaf störten, ließ er jedoch von den Wachen blutig mißhandeln. Da Ägypten römische Getreideprovinz und sein persönlicher Besitz war, konnte er mit dem Brotpreis in Rom die Stimmung regeln. Nach Tagen kaiserlichen Kornboykotts, der die Leute »züchtigen« sollte, machten kostenlose Kornspenden und üppige Freitische die Versorgung zum Wechselbad. Der kaiserliche Verschwender betrat, als ihm sein Amt als Volkstribun einfiel, das Dach der Basilika Julia am Römischen Forum und warf unverhofft Goldstücke unter sein Volk. Über den Tumult, bei dem es Tote gab, schlug er eine Lache auf, die mit dem homerischen Gelächter der Götter nichts mehr zu tun hatte.

Das alles verschlang Unsummen. Schon setzte Caligula Versteigerungen kaiserlichen Hausrates an, und die Weihe des Besitzers machte es ratsam, überhöht zu bieten. Wer sich zurückhielt, wurde erpresserisch angespornt. Es geschah der bittere Witz, daß ein eingeschlafener Geschäftsmann, dem wiederholt der Kopf auf die Brust sank, für ein Vermögen ein paar abgetakelte Gladiatoren erwerben mußte, weil er zu jeder ausgerufenen Summe genickt hatte.

Scharfsinnig schloß nun Caligula, daß die vornehmen Schönheiten, die ihm keinen Widerstand leisteten, auch andere Tafelgäste erhören würden, sobald er es anordnete. Er ließ in seinem Palast komfortable Zimmer herrichten, in denen sich Damen der Gesellschaft den Meistbietenden hingeben mußten. Der Erlös gehörte ihm. Das Palatium wurde Roms teuerstes und vornehmstes Freudenhaus. Der Kaiser war der Erste Kuppler, Zuhälter und Bordellbesitzer.

In allen Schichten nahm der Widerstand zu. Auch die ausgeklügeltste Korruption und der abgefeimteste Terror bewegen kein Volk, derlei hinzunehmen. Die geheimen und öffentlichen Hinrichtungen häuften sich. Aber das Scheusal schürte damit nur seinen Irrwitz. Nichts befriedigte je seine Eitelkeit und seinen Neid. Als einige Todesurteile nicht vollstreckt werden konnten, weil das Gesetz es verbot, Jungfrauen zu töten, befahl er den Henkern, die Verurteilten vor der Hinrichtung zu schänden. Man haßte Caligula, aber die Furcht, die ihn schützen sollte, schwand dahin.

Er nahm seine Zuflucht zu Mars und brach einen unnützen und erfolglosen Krieg gegen die Germanen vom Zaun. Wie Tiberius verabscheute er die Römer. Laut wünschte er sich, das ganze Volk hätte nur einen Hals, damit er ihn mit einem einzigen Hieb durchhauen könnte. Es zog ihn an den Rhein ins Heerlager, wo die Soldaten die Liebe zu seinem redlichen Vater auf ihn übertragen und ihm den Spitznamen Caligula gegeben hatten. Aber diese Flucht verschaffte Verschwörern Zeit, sich zu sammeln. Zu viele hatte er auch unter seinen Günstlingen düpiert. Gerade aus ihrem Kreis wurde der entschlossenste Streich geführt. Er war noch nicht lange aus dem Feld zurück und hatte gerade eine Ovation für erfundene Siege erzwungen. Derlei ließ Mars sich nicht bieten, und Venus sah keinen Grund, sich vor diesen unliebsam beflissenen Diener zu stellen. An einem Januartag des Jahres 41 u. Z. fielen in einem unterirdischen Gang zwischen Theater und Kaiserpalast, während er singende Knaben beäugte, die man als Köder aufgestellt hatte, die Prätorianer über ihn her. Der Gardepräfekt gehörte selbst zu den Verschwörern. Nur die germanische Leibwache machte einen täppischen Versuch, den Unhold zu retten. »Jupiter!« soll Caligula entsetzt gerufen haben. Die Antwort war: »So treffe dich sein Zorn!« Auch Caesonia und ihr Kind wurden umgebracht.

Caligula verfiel der »damnatio memoriae«, die jegliches Andenken tilgen sollte. Einzelne Bildnisse, die dennoch auf uns gekommen sind, zeigen ein junges, kaltes Gesicht, keineswegs so häßlich, wie die Überlieferung es beschreibt.

6. *Der Bücherwurm und die Nymphomanin*

Nach der Ermordung des Caligula debattierte der Senat, ob es möglich wäre, die Republik wiederherzustellen. Aber der Senat traute dem Volk nicht, und das Volk traute dem Senat nicht. So waren nach kurzer Verwirrung beide froh, daß ein gemeiner Soldat einen neuen Kaiser gefunden hatte. Claudius, ein Bruder des Germanicus, also Neffe des Tiberius und Onkel des Caligula, hatte sich vor dem Mordgeschrei hinter einen Vorhang geflüchtet. Die Füße sahen aber hervor, und so entdeckte ihn der namenlose Diener des Mars, erkannte ihn und brachte ihn zu seinem Vorgesetzten. Die Prätorianer bangten schon um ihre Privilegien. Froh schleppten sie ihn in einer Sänfte in ihr Lager und huldigten ihm. Mit Waffengeklirr überredeten sie den Senat, es ihnen nachzutun.

War Claudius (10 v. u. Z.–54 u. Z.) der beschränkte, manchmal gefährliche Trottel, als den ihn die Geschichtsschreiber darstellen? Sueton überliefert einen Brief des greisen Augustus, der Kummer über diesen täppischen Stiefenkel bezeugt. Die eigene Mutter soll ihn als Mißgeburt beschimpft haben. An der Tafel Caligulas war er unfreiwilliger Hofnarr und zog den übermütigsten Spott auf sich. Man spuckte ihm ungestraft Olivenkerne ins Gesicht. Er war häßlich und stotterte; sein Gang, ungelenk und wackelig, ließ die Majestät peinlich vermissen. Sein exaltiertes Vergnügen an Gladiatorenkämpfen und Tierhetzen kam selbst hartverpackten Römern verdächtig vor. Allen Ernstes versuchte er ein Edikt durchzusetzen, das es jedem freistellte, bei Tisch seinen Blähungen nachzugeben.

Aber er nahm sein Amt, kaum daß man es ihm aufgeschwatzt hatte, sehr wichtig. Entschlossen trieb er gemeinnützige Bauvorhaben voran. Der versandete Hafen von Ostia wurde wiederhergestellt, so daß für Warenlieferungen aus Übersee, besonders das ägyptische Korn, der lange Landweg von Puteoli her wegfiel. Den segensreichen Aquädukten Roms fügte er eine neue Wasserleitung von bis dahin nicht erreichter Kapazität hinzu, die Aqua Claudia, von der heute noch beeindruckende Reste zu sehen sind. Mit Hilfe seiner Feldherren brachte er Mauretanien und Südbritannien fest in römische Hand. Seine Gesetzgebung verlieh endlich das römische Bürgerrecht an die Bewohner weitgehend romanisierter Städte außerhalb Italiens und milderte gefährliche soziale Spannungen.

Gewissenhaftigkeit brachte Claudius aus der Studierstube mit. Der Kaiser, der bei seinem Machtantritt die Fünfzig überschritten hatte, kannte sich in den besten privaten und öffentlichen Bibliotheken Roms aus wie kaum ein anderer. Er galt als Büchernarr und trieb mit unbeirrbarem Eifer selbst geschichtliche und sprachkundliche Forschungen. Die umfangreichen Werke, die er diktierte, befaßten sich mit den Karthagern, einst die tödlichen Feinde Roms, und mit den Etruskern, deren Kultur allmählich mit der Roms verschmolzen war. Sein Geschichtswerk, das mit der Ermordung Caesars begann, soll versucht haben, in der Darstellung des Bürgerkrieges allen Beteiligten gerecht zu werden. Auch eine Selbstbiographie findet sich unter den überlieferten Titeln und eine Verteidigung des Redners und Politikers Cicero, der, ein Verfechter der Republik, von Caesars Erben gewaltsam beseitigt worden war. Wir wüßten über Claudius mehr, wären seine Werke erhalten geblieben. Die Nachrede, sie hätten mehr Stil als Gedankentiefe gehabt, könnte auch eine Verleumdung seines Bemühens sein, nicht unentwegt und um jeden Preis das Kaisertum zu verherrlichen. Sein Versuch, dem lateinischen Alphabet einige neue Buchstaben einzuverleiben, blieb folgenlos.

Die Liebe zu Schriftrollen war ihm jedoch hinderlich in seinem Bemühen um regelmäßige Amtsführung. Immer mehr Befugnisse überließ er seinen Freigelassenen Narcissus, Pallas, Callistus und Polybius. Sie erlangten bald eine Macht, die sich nur mit der von Ministern vergleichen läßt, und wirtschafteten damit emsig in die eigenen Taschen. Ehemalige Sklaven bildeten mit dem Kaiser ein Kabinett und wurden schwerreich. Mehr und mehr war Claudius auf sie angewiesen. Denn die republikanisch gesinnte Opposition im Senat war erstarkt und machte ihm mit passivem Widerstand alles schwer.

War er nun ein Gelehrter oder hing er nur gelehrten Schrullen nach – der Bücherwurm verlor auch den Überblick über sein Familienleben. Mars hatte ihm spöttisches Wohlwollen bezeugt, Apollo seine Mühen nicht zurückgewiesen. Die Art, wie Venus und Juno ihm mitspielten, darf man bedauern.

Als er jung war, gingen zwei Verlöbnisse in die Brüche. Seine erste Frau Plautia Urgulanilla betrog ihn fortgesetzt und ließ verlauten, sie würde ihn gern umbringen. Nach der Scheidung geriet er an eine Aelia Petnia. Es ging nicht lange gut. Von den drei Kindern dieser beiden Ehen blieb ihm nur eins. Der älteste Sohn erstickte an einer Birne, die er in die Luft warf und mit dem Mund auffing. Bei der Tochter Claudia zweifelte er die Vaterschaft an, denn sie wurde fünf Monate nach der Scheidung von Plautia geboren.

Den größten Kummer bereitete ihm Valeria Messalina, deren Männerverbrauch sprichwörtlich wurde. Einige Zeit blieb ihre Nymphomanie verborgen. Bis zuletzt glaubte der Kaiser nur widerstrebend den schlagendsten Beweisen. Anfangs munkelten die Nachrichtenhändler unter den Arkaden des Forums nur, hinter diesem Todesurteil, jenem Freitod steckte Messalina: Junius Silanus, Catonius Justus, Marcus Vinicius, Valerius Asiaticus. Dann kam heraus, daß sie sich der lüsternen Kaiserin verweigert hatten. Julia Livilla und anderen Frauen wurde es zum Verhängnis, daß Messalina Rivalinnen in ihnen sah. Im siebenten Jahr nach dem Machtantritt ihres Gatten trieb sie ihre bacchantischen Orgien auf die Spitze. Sie hatte die Mitte der Dreißig überschritten, wurde hektisch und unbesonnen. Im Herbst 48 floß bei einem Weinfest mit ihren Freundinnen und Freunden der sorgenlösende Saft des Bacchus reichlich durch die mit Efeu und Reblaub bekränzten Säulengänge und Pavillons, während Claudius in Ostia die Hafenbauten inspizierte. Nach mythischen Riten ließ sich Messalina mit ihrem derzeitigen Geliebten Silius trauen. Die beiden besiegelten ihre Bigamie, indem sie sich vor den Augen der Gäste einander hingaben. Das war das Zeichen zum Beginn beliebiger Paarungen. Auf diesen Skandal hatten die Freigelassenen des Claudius gewartet. Durch Spitzel benachrichtigt, fädelten sie eine vorzeitige Rückkehr des Kaisers ein. Messalina, ihrerseits durch Späher alarmiert, schreckte auf. Sie sah nur eine Rettung: Sie hatte ihm zwei Kinder geboren, Britannicus und Octavia. Als die Mutter seiner Kinder wollte sie sich ihm reuig zu Füßen werfen. Um ihm entgegenzufahren,

6 Messalina

fand sie kein anderes Gefährt als einen Wagen der Müllabfuhr.

An der Spitze von Messalinas Feinden stand der Freigelassene Narcissus. Er hielt seinem verdatterten Herrn ein Verzeichnis aller Fehltritte vor, die Messalina nachzuweisen waren. Eine lange Reihe von Namen wurde entrollt: Senatoren, Messalinas Ehrenwächter, der Verwalter der Gladiatorenschule, der Präfekt der Feuerwehr und viele andere. Gegen alle erging Haftbefehl; das Todesurteil war ihnen sicher. Einer verteidigte sich, er habe Messalina nur eine einzige Nacht geschenkt. Ein anderer wies Peitschenstriemen vor, die bezeugten, daß er zum Beischlaf mit der Kaiserin gezwungen worden war. Ein gewisser Caesonius hatte Glück mit seiner Ausrede: Er brachte Zeugen bei, daß er sich bei Messalinas Orgien nur mit Männern abgegeben hatte. Der Skandal erhielt Nahrung, als Vibidia, die älteste Priesterin der Vesta, den Kaiser um Gnade für Messalina bat, denn die Kaiserin hatte die Oberaufsicht über die jungfräulichen Vestalinnen. Die altrömische Göttin des Herdfeuers war kompromittiert worden. Messalina durfte sich selbst den Todesstoß versetzen. Aber sie zauderte. Narcissus traute dem weichen Herz des so unglaublich betrogenen Gatten nicht und schickte ihr, um einer Begnadigung zuvorzukommen, einen beherzten Diener des Mars, der ihr die Hand führte. Bald wurde mehr bekannt. Auch Messalina war der Mixoskopie verfallen: Der Anblick von Frauen, die sich im Beisein ihrer Ehemänner anderen hingaben, gehörte zu ihren heimlichen Vergnügungen. In fadenscheinigem Inkognito hatte sich die Unersättliche durch die schmutzigsten Gassen geschlichen, um es den Dirnen nachzutun. Der Dichter Juvenal verarbeitete, allerdings mehr als ein halbes Jahrhundert später, in seiner 6. Satire, der »Weibersatire«, zu moralisch entrüsteten Versen, was man sich in Rom über die verrufene Kaiserin erzählte (Juvenal VI, 115 ff.):

»Sieh die Rivalen der Götter erst an! Was Claudius tragen mußte, vernimm! Sobald seine Frau ihren Gatten sah schlafen,

wagte sie statt palatinischen Lagers die Matte zu wählen
und griff sich dreist, die Kaiserin-Hure, des Nachts die Kapuze,
eilte hinweg, zum Geleit ein einziges Mädchen sich nehmend,
und mit der blonden Perücke die schwärzlichen Locken be-
  deckend,
trat sie ein in das schwüle Bordell, das mit Lumpen verhängt
  war,
und in die frei ihr gehaltene Zelle und bot sich dann nackend
feil mit vergoldeten Brüsten, ›Lycisca‹ als Decknamen wäh-
  lend,
stellte den Leib zur Schau, der, edler Britannicus, dich trug;
zärtlich empfing sie die Gäste und forderte klingende Münze,
und auf dem Rücken dann liegend, verschlang sie die Stöße
  von vielen.
Drauf, wenn endlich der Wirt nach Hause entlassen die Mäd-
  chen,
schlich sie sich trauernd davon, und, wenn irgend sie konnte,
  als letzte
schloß sie die Zelle, noch heiß von der Brunst ihrer lüsternen
  Scheide,
und zog, erschöpft von Männern, doch nimmer befriedigt,
  nach Hause:
Häßlich die Wangen geschwärzt und entstellt vom Blaken der
  Lampe,
trug sie den Mief des Bordells mit sich hin zum Lager des
  Kaisers.«
(Übersetzung von E. C. J. von Siebold, überarbeitet von W. Krenkel)

Auf die Geldeinnahme war Messalina nicht angewiesen. Männer aus dem Volk, wie sie vornehme Römerinnen manchmal
bevorzugten, Maultiertreiber, Sänftenträger, Gladiatoren,
konnte sie sich auf anderem Wege verschaffen. Nicht weil sie
ein Bild der Verworfenheit abrunden, sind solche Gerüchte
glaubhaft, sondern weil sie sich psychologisch erklären lassen.
Wie ein Zugeständnis an verlorene Rechte hatten sich aus der
Zeit des Matriarchats sowohl in Griechenland als auch in Rom
Feste erhalten, bei denen nur Frauen zugelassen waren und

7 Claudius

sich kaum Zwang auferlegten. Das Fest der Bona Dea, bei dem Caesars Gattin Pompeja auf Abwegen ertappt wurde, gehörte dazu. Geldheiraten und Scheinehen ließen auch die erotischen Wünsche der Frauen unbefriedigt. Je höher ihr Rang, desto aufwendigere außereheliche Beziehungen erlaubten sie sich. Drei Erste Bürger hatten sich nacheinander alles herausgenommen. Nun steigerte auch die Erste Bürgerin ihren Lebensgenuß ohne alle Scham. Männer hatten sich brutal Frauen gefügig gemacht; die Umkehrung konnte nicht ausbleiben. Nach den Sitten der Kaiser richteten sich andere hochgestellte Familien, und die drei politisch verheirateten Julien fanden viele Nachahmerinnen. Messalina war die konsequenteste, indem sie sich mit der Gewalt ihres Ranges Männer gefügig machte. Die rechtliche Unterordnung der Frau ließ ihre Abenteuer frecher erscheinen als die der Männer. Sie hatte eine höhere Hemmschwelle zu übersteigen. Ihre Hinrichtung folgte dem Vorurteil, eine Frau dürfe sich weniger herausnehmen als ein Mann. Mit ihren Liebhabern mochten die Römerinnen Genugtuung finden, die Prostituierten, zu denen ihre Männer gingen, blieben ein heimliches Ziel ihres Neides. Huren und Hetären ließen sich ganz offen auf nichts anderes ein als ehrbare Matronen in ihren Vernunftehen: für den Beischlaf Geld zu nehmen. Denn was waren diese Ehen ohne Liebe anderes als Prostitution mit gesetzlich verbürgtem Daueranrecht? Die scheinheilige Würde der guten Gesellschaft erwies sich als Hindernis, das man mit wechselndem Glück umging. Wollust ohne Liebe verlangt unaufhörlich nach Abwechslung. Messalina verzichtete nicht auf diese letzte Befriedigung ihres vom Neid angeheizten Begehrens: eine schmutzige kleine Hure zu sein.

Der verwitwete Kaiser ließ sich raten, es mit einer vierten Ehe zu versuchen. Die Brautschau zog sich hin. In engerer Wahl stand auch Lollia Paulina, eine abgelegte Gattin Caligulas. Den Sieg trug Julia Agrippina davon, Caligulas Schwester. Sie hatte es längst auf ihren unbeholfenen Onkel abgesehen. Der Senat mußte ein Gesetz beschließen, das diese Ehe zwischen Nichte und Onkel im Interesse des Staates zuließ. Als Agrippina 49 den greisen Claudius heiratete, hatte sie keine Bettgeschichten zu befürchten. Zweimal verwitwet, hatte sie aus erster Ehe einen Sohn: Lucius Domitius Nero war der einzige männliche Nachkomme des Augustus und erwies sich als vielseitig begabt. Agrippina bezahlte für ihn die besten Lehrer, betrieb seine Adoption durch Claudius und stiftete eine Kinderehe mit dessen Tochter Octavia. Was sie von Mars, Venus und Juno erwartete, war nichts weniger als die Kaiserwürde für ihren Sohn. Nicht nur ihrer Familie, sondern auch Rom glaubte sie einen hervorragenden Dienst zu erweisen: Sie wollte den Römern endlich einen guten Kaiser schenken.

7. Ein Muttersöhnchen entpuppt sich

Zwei Monate fehlten noch bis zu seinem siebzehnten Geburtstag, als Nero (37–68) zum römischen Kaiser ausgerufen wurde. Die Fäden hielt seine Mutter fest in der Hand. Agrippina hatte nicht mehr warten können, bis Claudius von allein starb: Narcissus machte sie bei dem alten Trunkenbold schlecht. Am 13. Oktober 54 war der wachsame Freigelassene auf Reisen. Die Pilzmahlzeit, die dem Kaiser vorgesetzt wurde, war einwandfrei. Er vertrug aber Pilze nicht sonderlich gut, sosehr er sie mochte. Als ihm übel wurde, kitzelte ihn sein Arzt mit einer Feder im Hals, die in Gift getaucht worden war. Die Rezeptur kam von der alten Locusta, der »Heuschrecke«, die in der Subura, dem schmutzigen winkligen Armenviertel Roms, unter der Aufsicht eines Prätorianertribunen ihr verborgenes Leben führte. Die Zuverlässigkeit ihrer Giftmischerei wurde in der kaiserlichen Familie geschätzt und schützte sie vor Strafe. Wahrscheinlich hatte sich Agrippina ihrer schon einmal bedient. Nach dem Tod ihres ersten Mannes war sie eine Vernunftehe mit Crispus Passienus eingegangen, der sterben mußte, als die Hinrichtung Messalinas Kaiser Claudius zur besten Partie von Rom machte. Durch Senatsbeschluß erhielt Claudius göttliche Ehren. Ein ansehnlicher Tempel

8 Agrippina, Neros Mutter

wurde dem neuen Gott errichtet, ein Priesterkollegium gestiftet. Oberpriesterin war Agrippina.

An der Spitze der tüchtigen Männer, die sie zu Lehrern ihres vielversprechenden Sohnes bestellte, stand der Philosoph Seneca. Ihn hatte sie eigens aus der korsischen Verbannung zurückrufen lassen. Seneca schrieb für seinen Zögling eine Art Handbuch für einen Herrscher: »Über die Milde«. Der Gardepräfekt Afranius Burrus überwachte Neros militärische Ausbildung. Wahrscheinlich befand sich auch der Dichter Petronius im Kreis der Erzieher, der dann als Berater in Fragen des feinen Geschmacks in Erscheinung trat und für die künstlerischen Neigungen und die Vergnügungen des jungen Kaisers zuständig war. Ein Freigelassener namens Anicetus gehörte noch dazu. Er übernahm bald eine schmutzige Rolle.

Nero zeigte sich gelehrig, großzügig, leutselig. Die Sympathien der Römer flogen ihm zu. Besonders die Herzen der Künstler schlugen für ihn, denn er machte selbst Gedichte und ließ sie nicht lange in der Schublade. Denunzianten wurden nicht mehr angehört, sondern bestraft. Als Nero die Todesurteile über zwei Raubmörder unterzeichnen sollte, seufzte er: »Hätte ich doch niemals schreiben gelernt!« Aber diese Nachsicht für Verbrecher klang bald zweideutig. Schon einmal hatte wenig Segen darauf gelegen, daß eine Mutter ihren Sohn zum Kaiser machte. Tiberius war ein reifer Mann und Livia eine Greisin gewesen; da ließ sich Zwist mit Mäßigung austragen. Zwischen dem Jüngling Nero und der noch jungen, schönen Agrippina, die ein Verhältnis mit dem Freigelassenen Pallas unterhielt, kam es zu geschmacklosen Auftritten, als die Kaiserin die Fäden der Macht nicht aus der Hand geben wollte. Sie drohte unverhohlen, Britannicus, Sohn des Claudius und der Messalina, habe ebenfalls Anspruch auf die Kaiserwürde.

Da versicherte sich Nero der alten Locusta. Giftmorde hatten seit Tiberius, Livia und Sejanus ihre Hindernisse: In der kaiserlichen Familie nahm man regelmäßig Theriak, ein Mittel aus angeblich hundert Zutaten, das vor den gefährlichsten Giften schützte. Unter Caligula hatte es den Kopf gekostet, wenn der Mund beim Begrüßungskuß nach einem Gegengift roch. Das bedeutete Mißtrauen. Jetzt drückte jeder über den anderen ein Auge zu. Britannicus jedoch, arglos und verträumt, nahm kein Theriak. Agrippina verordnete ihm einen Vorkoster. Aber man umging ihn. Den vorgekosteten Punsch fand Britannicus zu heiß, so daß er nach kaltem Wasser verlangte. Darin war das Gift. Er fiel sofort tot um.

Seneca und Burrus fanden die Beseitigung dieses Rivalen und die Kaltstellung Agrippinas politisch notwendig. Es ging nicht an, daß ein Weib Rom regierte. Nero sah das Gerangel nicht ungern. Die mütterlichen Ermahnungen waren ihm längst lästig. Er gab beiden Seiten recht oder keiner, damit sich die Risse vertieften. So hielt er es auch, wenn seine Berater Meinungsverschiedenheiten austrugen, um plötzlich mit der Faust auf den Tisch zu hauen und klarzustellen, wer der Kaiser sei. Ausleben wollte er sich.

Der Palatin entfaltete einen niegekannten Luxus. Erstmalig gab es im Sommer Eisgetränke. Dichterlinge, mittelmäßige Schauspieler und Tänzer drängten sich zwischen Nero und seine Berater. Sie geizten nicht wie Seneca und Petronius mit Lobsprüchen. Mit einigen knüpfte er homoerotische Verhältnisse an, sowohl als Pathicus als auch als Pedico. Nachts schwärmte er verkleidet und maskiert mit Saufkumpanen durch Theater, Kneipen und Bordelle. Das gehörte für ihn ebenso zum »Künstlerleben« wie zum Gebaren eines Volksfreundes. Läden wurden geplündert, Frauen vergewaltigt. Nero schändete eine Vestalin namens Rubria. Nach dem Gesetz hätte ihn dafür der Henker zu Tode peitschen müssen. Aber der randalierende Kaiser hatte immer Leibwächter in der Nähe. Nur einmal gelang es einem beherzten Bürger, ihn durchzuprügeln und unerkannt zu entwischen. Vielleicht hatten ihn seine ehemaligen Erzieher geschickt und gehofft, der Denkzettel werde wirken.

Hinter solchen Nachtschwärmereien steckte Langeweile. Nero und die unscheinbare, zierliche Octavia, die Tochter des Claudius, waren als halbe Kinder verheiratet worden. Für die brutalen Liebesspiele, die Nero mit Leidenschaft verwechselte, hatte Octavia nichts übrig. Wahrscheinlich verweigerte sie sich oft. Die Ehe blieb kinderlos. Die enttäuschten Römer machten aus Octavia bald ein Idol standhafter Sittenreinheit.

Um den Lümmel zu Hause zu halten, führten ihm seine Berater die unwiderstehliche Claudia Acte zu, eine Freigelassene des Claudius. Ihr verfiel Nero tatsächlich für einige Zeit, und sie hielt ihm bis zum Ende die Treue. Agrippina brachte kein Verständnis für solche Kompromisse auf und hielt zu Octavia. Ihre Eifersucht auf alle Frauen, mit denen Nero sich abgab, weckte bei Zeitgenossen den Verdacht, daß nicht nur Mutterliebe im Spiel war. Gerüchte über inzestuösen Verkehr zwischen Mutter und Sohn kamen auf. Man wollte an ihrer Kleidung, als sie aus der Sänfte stiegen, unzüchtige Spuren entdeckt haben. Nun begann ein Kesseltreiben gegen die herrische Frau, die kein Mittel gescheut hatte, ihren Sohn zum Kaiser zu machen. Ihre widernatürlichen Verführungskünste wurden als Versuch ausgelegt, Nero fester an sich zu binden und alle Fäden wieder in die Hand zu bekommen. Aber Nero quartierte sie aus dem Palatium aus und entzog ihr die germanische Leibwache. Eine so exponierte Frau wurde dadurch nahezu vogelfrei. Ihre Lage spitzte sich zu, als Nero unverhohlen um Poppaea Sabina warb, eine stadtbekannt schöne, aber spröde und stolze Frau, die Öl in das Feuer der mütterlichen Eifersucht goß.

Marcus Salvius Otho, ein bewährter Saufkumpan, der später kurze Zeit selbst den Kaiser spielen durfte, hatte sie Nero bekannt gemacht. Über die genaueren Umstände sind die Quellen sich nicht einig. Nach Poppaeas Scheidung von Rufrius Crispinus ist von einer Scheinehe mit Otho die Rede. Oder Nero eiferte Caligula nach und nahm einem Freund die soeben angetraute Gattin weg. Ehrgeizig und berechnend, machte Poppaea den entflammten Nero in langen Wechselbädern aus Willfährigkeit und Abweisung mürbe. Kaum glaubte er sich mit ihr einig, schickte er Otho als Statthalter weit fort in die Provinz Lusitanien, das heutige Portugal. Poppaea war mit einer Nebenrolle nicht zufrieden. Sie gab keine Ruhe, bis sie Agrippina und Octavia weggebissen hatte.

Es ist schwer zu entscheiden, was Seneca mitverantwortete. Nero stellte seine ehemaligen Lehrer nach und nach kalt, erlaubte ihnen aber nicht, sich ganz zurückzuziehen. Die Mahner und Rechthaber wollte er, sosehr er sie haßte, in der Nähe behalten, um ihnen die Schuld zuzuschieben, wenn ihm etwas über den Kopf wuchs. Burrus blieb auf seinem Posten, bis er 62 hochbetagt starb. An seine Stelle trat Ofonius Tigellinus, der später als Verleumder des Petronius genannt wird. Da er auch Feste auszurichten begann, ist anzunehmen, daß Neros Freundschaft mit Petronius, sollte sie je bestanden haben, längst zerbrochen war.

Einsam und unversöhnlich, setzte Agrippina ihr Leben aufs Spiel. Als Chaldäer ihr geweissagt hatten, ihr Sohn werde sie umbringen, soll ihre Antwort gewesen sein: »Mag er mich töten, wenn er nur Herrscher wird!« Anicetus, Neros früherer Lehrer, inzwischen zum Präfekten der bei Misenum stationierten Kriegsflotte aufgerückt, ließ ein Schiff so herrichten, daß es zu gegebener Zeit durch einen Hebeldruck auseinanderfiel. 59 wurde im Golf von Neapel eine große Flottenparade abgehalten. Auch Agrippina war eingeladen. Von der Abendtafel in der Villa Caesaris zu Bajae begab sie sich mit dem mechanisch vorbereiteten Schiff zu ihrer Villa in Bauli (heute Bacoli). Anicetus hatte nur nicht bedacht, daß sie gut schwimmen konnte. Während einige ihrer Zofen ertranken, rettete sie sich an Land. Aber daß der vorgetäuschte Unglücksfall mißlang, besiegelte ihr Schicksal. Nero spielte einem ihrer Boten eine Waffe in die Hand und schrie, man habe ihn umbringen wollen. Anicetus erhielt Gelegenheit, sein Versagen wiedergutzumachen. Er ließ die Villa in Bauli von seinen Leuten umstellen, drang in Agrippinas Schlafzimmer ein und erstach sie. Mit gespreizten Schenkeln soll sie geschrieen haben: »In den Bauch müßt ihr stechen!« Daß Nero sich von ihr mit heißen Küssen auf den Busen verabschiedet hatte, gab den Inzestgerüchten neue Nahrung. Nun enthielt sich das Muttersöhnchen, das sich entpuppte, nicht der letzten Geschmacklosigkeit angesichts der Toten: Er rühmte den Umstehenden die Vorzüge ihres nackten Leibes.

Die Trennung von Octavia zog sich in die Länge. Gegen Agrippina hatte der Rufmord vorgearbeitet. Aber Octavia war unbescholten und allgemein beliebt. Lange versuchte Nero sie loszuwerden, indem er ihr Unfruchtbarkeit vorwarf. 62 schickte er sie in die Verbannung. Endlich hatte sich jemand gefunden, der ihr unsittlichen Umgang mit einem Sklaven nachsagte. Daß er sie nicht gleich töten ließ, zeigte die Unentschlossenheit seines Wesens. Er hatte seine Berater abgeschüttelt, aber Versager nahmen ihre Stellen ein. Die Volksgunst, die ihm zugeflogen war, hatte er mit Füßen getreten; nun trauerte er ihr nach. Wieder übernahm Anicetus die Dreckarbeit. Er bezichtigte sich vor dem Senat des Ehebruchs mit Octavia. Durch ihn hätte sie die Flotte in die Hand bekommen wollen, um Nero zu stürzen. Aus Feigheit habe sie die Frucht ihres Fehltritts abgetrieben. Das genügte für ein Todesurteil.

Mit viel Pomp feierte Nero Hochzeit mit Poppaea. Ihre Standbilder, die das Volk nach einer Falschmeldung, der Kaiser wolle Octavia wieder zu sich nehmen, schon umgeworfen hatte, erhielten Ehrenplätze. 63 gebar sie Nero eine Tochter, die er Augusta nannte. Das Kind lebte kaum vier Monate. Vier Jahre hatte Poppaea intrigiert, um Kaiserin zu werden, kaum drei blieb sie es. Wahrscheinlich machte sie sich ein falsches Bild von der Ersten Ehe des Reiches. Seine Mutter und seine Gattin hatte Nero ihr geopfert. Acte behauptete sich, und gegen die Schwärme kaiserlicher Dirnen und Lustknaben blieb sie machtlos. Venus und Juno hatte sie für ihre hochfliegenden Pläne bemüht. Nun entführte ihr erst der Feuergott Vulcanus den Gatten, dann Mars, der den Zwist liebte.

Im Juli 64 brannte Rom zu mehr als zwei Dritteln nieder. Daß der Kaiser selbst den Brand legte, ist Legende. Es mag zutreffen, daß er die Löscharbeiten, zu denen er aus dem Seebad Antium herbeieilte, halbherzig ausführen ließ, wo Rom am baufälligsten war. Der Wiederaufbau nahm ihn völlig in Anspruch. Endlich fand er Gelegenheit, zu zeigen, was in ihm steckte. Die Bauwut packte ihn. Neros riesiges »Goldenes Haus« wurde nie fertig. Auch die grausame Abrechnung

9   Nero als Jüngling

mit der ersten christlichen Gemeinde, der die Schuld an der Feuersbrunst zugeschoben wurde, da die »Christianer« sich wie die Judaeer dem Kaiserkult verweigerten, forderte seine Wachsamkeit und nährte sein Vergnügen am Anblick menschlicher Qualen. Allgemein bekannt wurde der Bericht des Tacitus über Verurteilte, die, mit Pech bestrichen und angezündet, bei Nacht die Parks des Kaisers erleuchteten. Sie sollten die Götter versöhnlich stimmen. Gewiß waren sie auch für die Augen der Obdachlosen bestimmt, die in den Parks Zuflucht gefunden hatten, den einen zur Genugtuung, den anderen als Abschreckung.

Längst war es Angst, die Nero brutalisierte: die Angst des Versagers. Er fürchtete Rivalen, verärgerte Freunde, verbitterte Senatoren. Das Volk ließ sich viel, aber nicht alles bieten. Als 65 eine schlecht geplante Verschwörung von Senatoren scheiterte, die sich um Piso gesammelt hatten, schenkte Nero allen Anschwärzungen Gehör. Der Gardepräfekt Tigellinus lieferte jeden ans Messer, der ihm unbequem war. Die beiden verhörten Tag und Nacht Überführte und Verdächtige. Die Festnahmen dauerten bis ins nächste Jahr an. Seneca wurde nahegelegt, sich selbst die Adern zu öffnen. Seit Jahrzehnten entzogen sich die Höchstgestellten durch Selbstmord der Schande einer öffentlichen Hinrichtung. Petronius wählte 66 dasselbe Schicksal. Mit den Verschwörern hatte er nichts zu tun.

Auch Bacchus sorgte dafür, daß Poppaea immer häufiger im kaiserlichen Schlafgemach allein blieb. Sie war wieder schwanger, vielleicht stand die Geburt des ersehnten Erben bevor. Doch Nero trieb sich herum. Statt mit ihr zärtlich zu sein wie anfangs, als sie noch die Spröde spielte, hüllte er sich in Tierfelle und ergötzte sich an den Schamteilen nackter Männer und Frauen, die er an Pfähle binden ließ. Eine Schauspielerin mußte in eine Kuhhaut steigen und als Pasiphaë vorführen, wie ein Stier sie begattete. Als Nero wieder einmal spät und betrunken in Poppaeas Gemach kam, machte sie ihm Vorhaltungen. Er trat ihr in den hochschwangeren Leib. Bei einer Fehlgeburt fand Poppaea einen qualvollen Tod.

Danach verheiratete sich Nero mit einer gewissen Statilia Messalina. Über diese Ehe wurde wenig bekannt, und einen Erben brachte sie nicht. Unter den Gelüsten des Kaisers hatten die abwegigen die Oberhand gewonnen. Er verhehlte sie ebensowenig wie seine schlechten Verse und seine quäkende Stimme, die er bei öffentlichen Gesangswettkämpfen, selbst von Lampenfieber geschüttelt, dem verschüchterten Publikum zumutete. Wer alles darf, weiß bald nicht mehr, was er will. So grausam Nero jede Regung von Widerstand ahnden ließ, so großzügig ließ er die Verkommensten in der römischen Oberschicht gewähren. Ein kümmerlicher Rest von Gewissen verlangt immer nach Spießgesellen. Nero war fest überzeugt, anständige Menschen verstellten sich nur. Aus einem Brief des Apostels Paulus an die römische Christengemeinde (Röm. 1.26 ff.) geht hervor, wie weit die Verkommenheit in Rom um sich griff: »Darum hat sie Gott auch dahingegeben in schändliche Lüste; denn ihre Weiber haben verwandelt den natürlichen Umgang in den unnatürlichen; desgleichen auch die Männer haben verlassen den natürlichen Umgang mit dem Weibe und sind aneinander entbrannt in ihren Lüsten und haben Mann mit Mann Schande getrieben und den Lohn ihrer Verirrung, wie es ja sein mußte, an sich selbst empfangen.«

Der alle Frauen haben konnte, setzte sich zuletzt in den Kopf, aus einem Mann eine Frau zu machen. Nero ließ den Eunuchen Sporus, in den er sich verliebte, in die Gewänder einer kaiserlichen Gemahlin kleiden und forderte für ihn die entsprechende Ehrfurcht. Sueton zufolge hatte er befohlen, »ihn auf alle Weise zu einem Individuum weiblichen Geschlechts umzugestalten«. Es gab Eunuchen verschiedener Art. Beim Spado waren nur die Hoden entfernt. Vergleichsweise mild blieb die Infibulation, bei der ein silberner oder goldener Draht durch die Vorhaut gezogen, die erotische Gefühlswelt und die Zeugungsfähigkeit also nicht endgültig zerstört wurden. Sporus war ein Kastrat. Das bedeutete in der Antike eine völlige Entfernung der Geschlechtsteile. Wieviel die chirurgischen Künste der Ärzte wirklich leisteten, als sie Neros Wunsch nach einer Geschlechtsumwandlung sei-

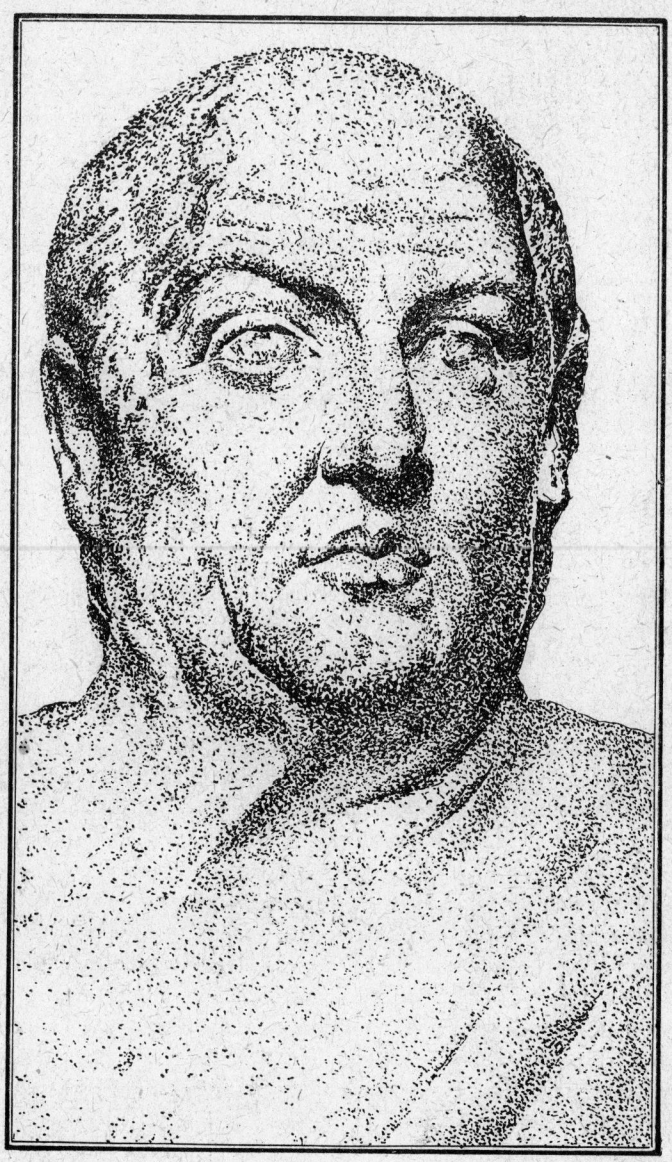

10 Seneca

nes Lieblings zufriedenstellen mußten, ist nicht mehr fest-
zustellen.

Auch Sporus war unter den Getreuesten zugegen, als Nero
68, nachdem er das Leben Tausender zerstört hatte, seinem
eigenen ein Ende setzte. Mars wurde nun unerbittlich. Während einer pompösen Griechenlandreise hatte sich der Kaiser
auf dem Palatin durch einen unfähigen Freigelassenen vertreten lassen. Nun rebellierten die Legionen in den wichtigsten
Provinzen und marschierten auf die Hauptstadt. Nero bekannte in seiner letzten Stunde, daß er eigentlich Künstler
hatte sein wollen. Zu dem übersteigerten Lebensgenuß seiner
Vorgänger fügte er den Rausch, sich als Dichter und Sänger
feiern zu lassen. Unter Tränen des Selbstmitleids bejammerte
er sich als den unglücklichsten Menschen, weil er, so jung
noch, auf einen Schlag die Weltherrschaft verlor.

Nero sprach es am deutlichsten aus: Diese Macht verfolgte
kein Ziel, außer sich selbst zu genießen, und sie hatte nichts
zu verteidigen als sich selbst.

8. Ausblick

Drei Kaiser lösten einander im folgenden Jahr ab: Galba,
Otho, Vitellius. Sie waren der Venus auf unterschiedliche
Weise zugetan, Galba als alternder Päderast, Otho als eifriger
Kopist Neros, Vitellius mit den Erfahrungen, die er als
»Strammsteher« des Tiberius und als Schmeichler des Caligula
gesammelt hatte. Alle drei verdankten Mars die Kaiserwürde,
denn sie wurden in bürgerkriegsähnlichen Wirren von ihren
Legionen ausgerufen und mußten gegeneinander ins Feld ziehen. Auf Augustus, Caesar oder Venus konnte keiner seine
Abkunft zurückführen. Galba bezeichnete sich unverfroren als
Nachkommen der Pasiphaë. Er fiel seinem Geiz zum Opfer,
denn es wurde nun üblich, daß die Soldaten den zum Herrscher erhoben, der ihnen das meiste Geld dafür bot. Die ersten beiden Flavier, Vespasian und Titus, verzichteten, so gut
sie konnten, darauf, das höchste Staatsamt zu hemmungslosem

Lebensgenuß zu mißbrauchen. Domitian, der dritte Flavier, setzte alles daran, einem Vergleich mit Caligula und Nero standzuhalten, und wurde ermordet.

Die »Adoptivkaiser« Nerva, Trajan, Hadrian, Antoninus Pius und Marcus Aurelius nahmen ein knappes Jahrhundert nach Kräften ihre Pflichten wichtiger als ihre Vorrechte. Die tüchtigsten wie Marc Aurel, der Philosoph an der Spitze eines Weltreiches, stellten ihre Vorrechte in den Dienst der Pflichterfüllung.

Seinen Sohn Commodus erklärte ein Gerücht zur Frucht eines Ehebruchs der Kaiserin mit einem Gladiator, als er sich unter dem Kaiserlorbeer wie Caligula, Nero, Domitian gebärdete. Aber er sah Marc Aurel, wie Porträtbüsten erkennen lassen, sehr ähnlich. Es durfte nicht wahr sein, daß ein Weiser einen so ungeratenen Sohn hatte. Mit Commodus begann wieder eine Reihe blutrünstiger und lüsterner Cäsaren, die sich vergotten ließen. Wozu sollten sich einfache Leute noch auf die Olympier berufen, die sich nicht anders benahmen? Die alte Götterwelt versagte als moralische Instanz für die Unterdrückten. Auf diesem Boden gediehen monotheistische Religionen, die einem höchsten Wesen absolute moralische Integrität zusprachen, besonders das Christentum. Die Menschen vertrauten den christlichen Priestern mehr als den korrupten römischen Staatsbeamten, die nur noch leibhaftigen Götzen gehorchten, und ließen sich von der Standhaftigkeit der Märtyrer beeindrucken. Der Weg ins Martyrium blieb für viele der einzige.

313 erließ Kaiser Konstantin das Toleranzedikt. Kaiser und Priester schlossen ein Abkommen, das dem Christentum den Weg zur Staatsreligion ebnete. Aber das Römische Reich zerbröckelte, und anderthalb Jahrhunderte später brach es unter dem Ansturm der Völkerwanderung zusammen.

Die Orgien der Herrscher hatten der antiken Erotik ihre heitere Unbefangenheit genommen. Mit dem Toleranzedikt brach ein Jahrtausend an, das in der Erotik bald alle Toleranz ablegte. Botticellis Gemälde darf man eine Wiedergeburt der Venus nennen. Sie blieb ein Vorrecht Mächtiger. Die

Welt der Mediceer, der Renaissancepäpste, eines Cesare Borgia erinnert in manchem an die der Cäsaren. Aber indem sich die Renaissance auf die Künste der Antike besann, fing auch die Kunst der Liebe an, sich aus ihren Befangenheiten zu lösen.

Catull oder Frechheit und Tränen

1 Die Menschen der Antike haben Gründe, ihre Städte und Fluren für die Mitte der Welt zu halten. Ihr »Erdkreis« spannt sich von den Schneegebirgen, hinter denen ihnen die Winter zu hart und zu lang sind, zu den Sandwüsten Afrikas, von den Weiten des Ozeans, in dem Atlantis versunken ist, zu den Flußniederungen des Orients. In den tückischen Wäldern des Nordens hausen zottige Wilde, durch die Steppen des Südens schweifen beutegierige Nomaden. Gen Sonnenuntergang leben in den unwegsamen iberischen Gebirgen eigensinnige Bauern, die sich nie ganz unterwerfen. Die aufgehende Sonne sieht von grausamen Despoten beherrschte Völker auf den Trümmern vergangener Reiche. Sie alle gelten Griechen und Römern als Barbaren, die das Schicksal zur Sklaverei bestimmt hat, deren Kultur nur Mißtrauen verdient. Die Heimatländer und Niederlassungen der beiden verwandten Völker scharen sich um ein Meer, das die Römer bald, wenn ihre Legionen seine Küsten lückenlos besetzt halten, stolz »das Unsere« nennen: Mare Nostrum.

Die Gebiete um das Mittelmeer sind immer eine Mischwelt der Witterung, der Pflanzen und Tiere, der Völker. Italien ist die Mitte dieser Mitte. Dort wächst das Veilchen unter der Palme. Wo der Januar Schnee hinweht, knirscht im Sommer nach einem Südsturm saharischer Sand. Der Sklavenhandel sorgt dafür, daß sich über Jahrhunderte hinweg Blonde und Schwarzhaarige, Krausköpfe und Strähnige, Knochige, Füllige und Feingliedrige vermischen. Das helle mittelmeerische Licht wirft harte Schatten. In Hellas trennt es Demokratie und Tyrannis, in Rom Adelsrepublik und Kaiserreich. Immer wieder gedeihen darin Menschen, deren Lebenskraft und Gedankentiefe, deren Freimut und Frömmigkeit, deren Willensstärke und Wagemut einzigartig bleiben.

Die Literatur der Griechen und Römer zeugt davon. Dringt man in sie ein, ist das Licht der Antike der gestrige Tag. Unter den Dichtern, deren Lebendigkeit wir noch fühlen, deren Lust und Trauer kaum verblassen, ist einer der bekanntesten Catull. Von ihm besitzen wir eine schmale Sammlung von Gedichten, wenig über hundert. Er hatte Freunde, die er als ebenbürtig ansah, und von ihnen erhielt sich nichts als der Name. Die antike Literatur wurde nur handschriftlich vervielfältigt. Das gebräuchliche Material, der Papyrus, überstand Jahrhunderte in den seltensten Ausnahmen. Erst die Spätantike ging zum Gebrauch des haltbareren Pergaments über. Sie wählte schon aus, teils nach dem banausischen Geschmack einer beschleunigt verfallenden Kultur, teils gedankenlos, teils nach religiösem Vorurteil. Nach dem Zusammenbruch der antiken Staatsgewalt ließen erst das Christentum, dann der Islam ihre Glaubensgrundsätze über den Fortbestand der Überlieferung entscheiden. Mancher Pergamenthandschrift wurde es zum Verhängnis, daß ihr Material so dauerhaft war. Hielt man sie nicht mehr für wichtig, wusch man sie ab und beschrieb sie neu. Es gibt die raren Glücksfälle der Palimpseste, in denen die Bögen geordnet blieben, so daß allein an den Kratzspuren der Feder noch Teile verschollener Werke unter anderen Texten hervorgeholt wurden. Große Bibliotheken, in denen vielleicht auch nach der Völkerwanderung noch alles Bedeutende beieinander war, gingen in Flammen auf: Die von Alexandria fiel islamischem Glaubenseifer zum Opfer, die von Byzanz (Konstantinopel) zerstörungswütigen Kreuzfahrern. Das Mittelalter war für die meisten antiken Dichtungen zu lang und zu dunkel. Wir dürfen sicher sein, daß wir unter den Werken, die auf uns gekommen sind, auch die größten finden. Ob aber das Verlorene immer geringeren Wert hatte als das Erhaltene, ist ungewiß.

Von Catull wüßten wir nichts als karge Bemerkungen bei Horaz, Ovid, Sueton, Apulejus und dem Kirchenvater Hiero-

nymus, hätte nicht eine Reihe von Zufällen in seiner Vaterstadt Verona eine einzige Handschrift bis an den Beginn der
Renaissance gerettet. Das späte Kaiserreich kannte Catull
nicht mehr, weil sich seine frechen Verse nicht als Übungsbei-
spiele für Rhetorenschulen eigneten. Im 10. Jahrhundert las
Rather, Bischof von Verona, die antike Handschrift, die in der
Verborgenheit des Vergessens unruhige Zeiten überdauert
hatte. Seine Freude trübte die Scham über ein unzüchtiges Vergnügen an diesen Gedichten. Irgendein Abschreiber fühlte
sich bemüßigt, sie nach Versmaßen zu ordnen. Eine zeitliche
Abfolge herauszufinden und davon Schlüsse über Catulls Le-
bensweg abzuleiten führt seither allzu schnell in Spekulationen. Im 14. Jahrhundert wurde der Kodex, der bis dahin wieder verschwunden war, von den ersten Humanisten abge-
schrieben. Diese Abschriften sind heute die einzige Textquelle.
Ihre Vorlage blieb unauffindbar. Horaz sollte recht behalten,
wenn er behauptete, Bücher hätten ihre eigenen Schicksale.
Einem so außergewöhnlichen Buch wie dem des Catull kam
es zu, daß es so viele Gefahren überstand.

Aus den Gedichten geht wenig Gesichertes über das Leben
des Gajus Valerius Catullus hervor. Widersprüchlich sind die
Lebensdaten, die Hieronymus im 4. Jahrhundert u. Z. nennt,
gestützt auf eine verlorene Schrift Suetons, der als Kanzlei-
beamter des Kaisers Hadrian im 2. Jahrhundert Biographien
verfaßte. Catull hat wohl kaum mehr als dreißig Jahre gelebt.
Nicht vor 87 v. u. Z. ist er geboren. Die letzten Ereignisse, die
er erwähnt, das zweite Konsulat des Pompejus (55 v. u. Z.)
und Caesars Expedition nach Britannien (54 v. u. Z.), lassen
vermuten, daß er wenig später gestorben ist. Die Valerier gehörten in Verona zu den einflußreichsten und begütertsten Familien. Für den Sohn eines solchen Hauses führte der Weg so
früh wie möglich nach Rom. Der Vater erhoffte sich von der
rhetorischen Ausbildung die Laufbahn eines tüchtigen Juristen, die immer auch eine politische war. Aber der vornehme
junge Herr muß seine Eltern bald enttäuscht haben. Seine
Verse umreißen das Bild eines lebenshungrigen Jünglings, der,
mit einigen Mitteln aus der Provinz gekommen, in die Strudel

einer großstädtischen Gesellschaft gerät und sich bald vor die Wahl gestellt sieht, sich an ihren Machtkämpfen zu beteiligen oder dem Müßiggang zu folgen und die Langeweile mit Modetorheiten und erotischen Abenteuern zu verscheuchen.

2 Catull kann nicht lange entgangen sein, daß sich zwischen den lauteren Lehren seines Vaters und der Wirklichkeit in Rom eine Kluft auftut, die sich zusehends vertieft. Gerade ist der Schrecken überstanden, den die Sklavenheere des Spartacus auf ihren Zügen durch Italien (74–71) verbreitet haben: Rund sechzigtausend Rechtlose erhoben für einige Jahre das sonst unter schwerer Arbeit gebeugte Gesicht und schauten den Genießenden verzweifelt und grimmig in die Augen. Für den familiären Umgang, den die Herren früherer Zeiten mit ihren Sklaven gepflegt hatten, waren es zu viele geworden. Wer sich daraus ein Gewissen machte, ließ sich von Varro beruhigen, Sklaven seien nur »sprechende Werkzeuge«. Die Brutalität dieser Worte schlug, kaum daß sie ausgesprochen waren, zurück: Sklaven verstanden nicht nur die Sprache der Gewalt, sondern konnten sie auch selbst gebrauchen. Zwischen Verona und Mutina, wo Spartacus 72 trotz eines erneuten Sieges über die römischen Legionen umkehrte, liegt lediglich die Ebene des Po. Als Catull nach Rom kam, dachte noch jeder an die sechstausend Kreuze entlang der Via Appia, an denen die Gefangenen der letzten Schlacht hingerichtet worden waren. Das Selbstbewußtsein der Sieger forderte, daß die Besiegten den Schrecken nie vergaßen.

Aber mit Spartacus sind auch verarmte und mittellose Freie gezogen. Der Sieg reißt alte Gräben wieder auf. Der Staat selbst treibt seiner schwersten Krise entgegen. Nach der Vertreibung der Könige haben die römischen Patrizier ihre Adelsrepublik gegen italische Nachbarn verteidigt, Bundesgenossen gewonnen, beschützt und gemeinsam mit deren Feinden in ihre Botmäßigkeit gebracht. So ist ein Weltreich erobert worden, das sich mit den Organen eines Stadtstaates nicht mehr regieren läßt. Der Gewinn, den Provinzen abgepreßt, macht aus dem äußeren Feind einen inneren. Die Plebejer der Hauptstadt gehen zumeist leer aus. Überall verstärkt sich der Druck von unten. Sulla (138–78) versucht, als Diktator Ordnung zu schaffen, indem er die Macht der Patrizier festigt. Caesar (100–44) erkennt, daß man den Forderungen der Plebs entgegenkommen muß. Die Besitzenden sollen mehr abgeben als bisher, wenn sie behalten wollen, was sie haben. Wer die Plebs zufriedenstellt, baut soziale Spannungen ab und bekommt zugleich genug Macht in die Hand, um ein Weltreich zu regieren. Caesar ist nicht der einzige, der das begreift. Sie sammeln sich, nicht selten selbst Patrizier, im Lager der Popularen, während das Patriziat das Gegenlager der Optimaten bildet. Die Volksfreunde und die, die sich beharrlich für die Besten halten, treten einander gegenüber. Crassus (115–53) hält es noch mit den letzteren. Pompejus (106–48) schwankt, laviert, erzielt Teilerfolge. Ihr gemeinsamer Feind ist der Senat, der das höchste Staatsamt, das Konsulat, immer nur für ein Jahr an zwei Politiker vergibt und über seine Souveränität ebenso eifersüchtig wacht wie über seine Geschäfte. Die Oligarchie der Schwerverdiener will sich keinem Einzelnen beugen, der dann beliebige Forderungen stellen könnte. Zweimal (60 und 56) sind die rivalisierenden Politiker gezwungen, ihr Vorgehen hinter dem Rücken des Senats gegeneinander abzusichern. Der Pakt geht als das erste Triumvirat in die Geschichte ein.

Catull erscheint diese Entwicklung erst undurchsichtig, dann suspekt. Anrüchige Gestalten diskreditieren die Ziele der Popularen. Gestützt auf eine kriminelle Halbwelt, hat Catilina 63 nach der Macht gegriffen. Cicero (106–43) rechnet hart mit seinen geschlagenen Anhängern ab. Dann versucht er zu vermitteln. Als Konsul desselben Jahres hält er zu den Optimaten, obwohl sie ihn, der nicht in Rom geboren ist, als »neuen Mann« und Zugewanderten behandeln. Er meint es ehrlich, aber den Senat, den er gegen eine Diktatur verteidigen möchte, entzweit Bestechlichkeit. Caesar, ginge er auf ihn zu, verlangte alles oder nichts. Cicero klagt, er wisse wohl, wen er meiden müsse, jedoch nicht, wem er sich anschließen könne.

Rom, mächtiger als je, scheint unrettbar zerrissen: in beiden Lagern Korruption, Karrierismus, Intrigantentum jeder Schattierung. Wer aus der Provinz kommt und ohnehin lieber Verse macht, hat wenig Aussicht auf eine erfolgreiche Laufbahn. Auch als Jurist kann er es nicht weit bringen, denn fast jeder Prozeß ist durch Verflechtungen mit der Politik belastet. Ciceros Reden bezeugen es, wo sie verteidigen, wo sie anklagen. Er brilliert mit Bildung und kunstvoller Rhetorik. Im allgemeinen werfen die Parteien einander minderwertige Elaborate an die Köpfe. Catull befürchtet von der Lektüre solcher »Schmutzschriften« einen Rückfall seiner Erkältung (44).

Caesar ist, unterwegs nach Gallien, wo er Krieg führt, in Verona mehrmals Gast der Valerier. Catulls Vater steht, scheint es, seinen Bestrebungen nahe. Das verschafft dem Sohn in Rom Zutritt zum Haus des Metellus Celer, in dem Leute aus der sich für gut haltenden Gesellschaft einander treffen. Catull weiß mit dieser Empfehlung wenig anzufangen. Caesars Günstlinge, vor allem ein gewisser Mamurra mit dem vielsagenden Spitznamen »Schwänzlein«, stoßen ihn ab. Sie werden Ziele seiner unverfrorensten Spottverse (14, 29, 41, 52–54, 57, 94, 105, 114–115). Es gilt nicht als unerlaubt, sich bei der Verwaltung oder Eroberung einer Provinz in Maßen persönlich zu bereichern. Catull hat selbst solche Dienste gesucht. Einige Gedichte (9, 10, 28) verraten, daß sie ihm und seinen Freunden nichts einbrachten. Die Gründe wirken naiv: Roms Name bedeutet ihm noch etwas, und die Skrupellosigkeit der Großen erbost ihn (29). Eine Spur Vertrauen bekundet Catull noch Caesar, wenn er ihn daran erinnert, daß er verantwortlich ist für die Machenschaften seiner Gefolgsleute, aber frech tituliert er ihn mit »geiler Bock«. Dann duckt er sich ironisch: »Wieder wirst du zornig / wegen harmloser Jamben, großer Feldherr!« (54). Schließlich packt er Mamurra und Caesar gleichermaßen dreist bei ihren bisexuellen Abenteuern: »Schön verstehn sich die beiden geilen Schurken, / ... / einer lernte im gleichen Bett vom andern, / ... / sind Rivalen der Mädchen wie auch Kunden« (57). Catull greift fragwürdige Veranlagungen an, trifft zwielichtige Sitten und verurteilt die hemmungslose Ausplünderung der Länder, die Caesar in Roms Botmäßigkeit brachte: Hispanien und Gallien (29). Er verfolgt die Spur der Verkommenheit aus dem Schlafzimmer auf die Rampe der Politik. Caesar versucht schließlich, scheint es, den unliebsamen Spötter loszuwerden und einen klugen Kopf zu gewinnen, indem er, wir erfahren es nicht genau, ihm etwas anbietet oder auch nur beste Absichten beteuert. Catull antwortet, es bleibe ihm völlig gleichgültig, wie Caesar sei, weiß oder schwarz (93).

Diese Gleichgültigkeit ist gespielt oder hart erkämpft. Im Grunde droht Catull darüber zu verzweifeln, daß nichts aus ihm werden kann, weil sich überall Unfähige und Unbefugte breitmachen. Das Konsulat des Vatinius, der bei seinem Amt Meineide schwört, fällt in das Jahr 56, und wenn Catull in resignierten Versen (52) fragt, was er noch in dieser Welt suche, trennen ihn nur noch zwei, drei Jahre von seinem Ende. Vielleicht ist er inzwischen krank. Lange zuvor hat er auf politischen Ehrgeiz verzichtet, wissend, daß er anders auf seinen Edelmut verzichten müßte. Bis zuletzt bleibt er der provinzielle Edelmann, der mehr Gewissen hat, als seine lasziven Dichtungen vermuten lassen. In einem beinahe verschämt vorüberhuschenden Selbstzeugnis (16,5 f.) stellt er sich als ernsthaften Dichter unter das Gebot der Reinheit, nimmt aber seine Verse davon aus.

Gerade der frivole Ton vieler Gedichte verrät Grundsätze, um die es Catull ernst ist. Die Namen derer, die einen frechen Denkzettel bekommen, sagen uns zumeist nichts mehr. Aber es ist kein Zufall, wenn sie in Catulls Schußrichtung geraten. Er verschießt seine Pfeile nicht blindlings, von einem anrüchigen Lebenswandel allein ließe er sich nicht herausfordern. Das Epigramm gegen den Demagogen Cominius (108) verzichtet auf Anzügliches ganz. Es beruft sich wie Cicero auf die »boni«, die guten Bürger, die von einem Politiker, gleich welcher Richtung, Ehrlichkeit erwarten.

Aber glaubt Catull an sie? Es mag sie noch geben – ausrichten werden sie nichts. Für Ciceros Kompromisse ist Catull nicht zu haben. Er kennt seine Gegner besser. An Cicero wendet er sich ohne jede Gereiztheit. Und wäre der Mann die Lauterkeit selbst, er überschätzt sich und wird sich übernehmen. Wofür Catull ihm zu danken hat (49), bleibt unbekannt. Der Selbstbewußte huldigt dem Staatsmann nur unernst mit so viel Selbstverkleinerung. Niemand glaubt ihm, daß er sich für den schwächsten aller Poeten halte. So gerät die Huldigung, Cicero sei von allen Juristen der beste, spöttisch. Der Redner, dessen Ehrgeiz nie ganz frei von Ruhmsucht ist, bekommt gesagt, was er gern hört, und darf es nicht glauben.

3   In Rom war es von jeher gefährlich gewesen, ein politischer Dichter zu sein. So viel wie Catull konnte sich weder vor noch nach ihm jemand herausnehmen. Weder die Adelsrepublik noch das Kaiserreich ließen dem dichterischen Wort seine volle Freiheit. Während Catull zum Dichter reift, ist in Rom allerdings niemand mächtig genug, ihm ins Wort zu fallen. Die politischen Wirren erschweren ihm seine Entwicklung zum Bürger, der keine höhere Aufgabe kennt als den Staatsdienst. Als Dichter genießt er die ganze Freiheit unentschiedener Verhältnisse. Ende des 3. Jahrhunderts v. u. Z., als die Adelsrepublik noch stabil war, handelte sich Naevius schwere Strafe ein mit dem Verslein, die Meteller wären durch günstige Fügung — also nicht durch ihre Vortrefflichkeit — Konsuln geworden. Sie antworteten: »Die Meteller werden dem Dichter Naevius eins auswischen!« Naevius wurde festgenommen und in die Verbannung geschickt. Lucilius (180–102) bettete die Angriffe seiner Satiren schon tief in allgemeine, gutrömisch-konservative Moral. So geschahen sie im Namen des Bestehenden und blieben unverfänglich. Nach Catull muß sich jede poetische Polemik den restaurativen Zielen der Kaiserherrschaft anpassen. Personen dürfen nur getroffen werden, wenn sie keine öffentliche Rolle spielen. Horaz macht so seinen Frieden mit Augustus. Vergil kommt lange kaum in Bedrängnis, weil er nicht zur Invektive neigt. Persius und später Juvenal ziehen sich ganz auf moralisierende Zeitkritik zurück. Nur Petronius geht weiter. In einem verräte-

rischen Spiel mit ausgehöhlten Formen bekennt er sich zu seiner Fremdheit in der Zeit und zu seinem Scheitern als Berater eines Kaisers. Er verspottet die Satire selbst, verhöhnt unbefugten Hohn, macht lachen über Dinge, wie sie nun einmal sind, und gibt Gelächter der Lächerlichkeit preis. Martial schmeichelt unumwunden einem brutalen Despoten, damit er seinen Ärger über die Verhältnisse an den anonymen kleinen Dingen des Alltags auslassen darf. Catull bleibt ein unerreichtes Vorbild. Die Wahrheit über die Zeit schreiben Geschichtsschreiber, wenn sie vorüber ist, doch nur, soweit es ihren Herren schmeichelt, sie von schlimmer Vergangenheit abzuheben.

In Catull finden eine Zeit und ein Temperament wie selten zusammen. In Rom ist man weder im Lebenswandel noch im Umgang miteinander zimperlich. Wer seinen Gegner unmöglich machen will, fragt nicht nach Gründen. Stimmung bedeutet alles, Sachlichkeit nichts. Für den entscheidenden Augenblick ist der unverschämteste Anwurf gerade gut genug. Keine Verdächtigung kümmert sich um Nachprüfung, keine Verunglimpfung körperlicher Gebrechen fragt nach Anstand. Je unverschämter man sich aus der Intimsphäre seines Widersachers bedient, desto sicherer trifft man ihn. Mit Vorliebe unterstellt man ihm Ehebruch, und da der altrömische Sittenkodex nicht mehr verbindlich genug ist, um damit Vernichtendes zu sagen, greift man zum Vorwurf der Blutschande. Cicero hat sich öffentlich mit solchen Zweckgerüchten auseinanderzusetzen. Catull lernt den Ton schnell und wird ohne Schwierigkeiten, was man ein Kind seiner Zeit nennt. Er übergeht keine Variante inzestuöser Beziehungen, wenn er sich an einem gewissen Gellius ausläßt (74, 88–91, 111). Nur weil es ihm paßt, plappert er die Anschuldigung nach, Clodius Pulcher, ein Gefolgsmann Caesars, verkehre blutschänderisch mit seiner Schwester (79). Er ist böse auf seine Geliebte Lesbia, wie er Clodia nennt, also stimmt, was politische Feinde dem »Lesbius« nachsagen. Die giftigsten Verse schafft Catull aus der Situation heraus. Ein schlechter Tag, der Verdruß einer Stunde sind ihm Anlaß genug. Er lebt sich aus im verletzenden Wort, wenn man ihn verletzt hat. Dem Haß auf Nebenbuhler, der Wut des

Betrogenen, dem Ärger des Bestohlenen, der Entrüstung des Getäuschten verschafft er Genugtuung durch maßlose Beschimpfungen. Wir kennen die meisten Leute nicht, denen solche Ausfälle gelten, können nicht nach ihrer Berechtigung fragen, sondern nur ungläubig staunen über so viel obszöne Dreistigkeit. Ihre Delikatesse erheitert uns wie das Gezänk Fremder, dem wir, sonst unbeteiligt, lauschen. Wir bewundern den Mut, wenn wir einen Adressaten doch kennen, vor allem aber die künstlerische Disziplin, mit der Catull den Tratsch der Gassen und den Klatsch der feinen Gesellschaft anscheinend zwanglos in geschmeidige Verse setzt.

4 Der junge Hitzkopf, der sich, um in der Politik Fuß zu fassen, zuwenig beherrscht und auch, wenn er Verse macht, seiner Zunge nur die Zügel der Kunst anlegt, findet Anschluß bei gleichaltrigen Müßiggängern aus wohlhabenden Familien, die das Leben genießen wollen, wie sie es vorfinden, weil sie sich sagen, daß sie die Welt nicht ändern werden. Die echten und die dilettierenden Poeten unter ihnen haben sich um den Dichter und Interpretationskünstler Valerius Cato zusammengeschlossen und nennen sich Neoteriker, »die Neueren«. Sie finden nur sich modern. Ihre literarischen Vorbilder sind die Dichter des hellenistischen Alexandria und besonders Kallimachos (vor 300 bis um 240 v. u. Z.), denen ein großes Buch ein großes Übel bedeutete. Sie pflegen das kurze Gelegenheitsgedicht, das Epigramm und die Elegie. An die Stelle umfangreicher Versepen setzen sie Epyllien, Kleinepen, die weniger episch erzählen als lyrisch malen. Bekannte Stoffe gestalten sie neu. Dabei entwickeln sie eine eigensinnige Liebe zum Detail. Sie kennen alle Mythen bis in ihre letzten Winkel, nehmen Einflüsse aus dem Orient auf und hüllen sich in die Esoterik hellenistisch-alexandrinischer Bildung. Bekannt werden außer Catull seine Freunde Helvius Cinna und Licinius Calvus. Ihre Werke besitzen wir nicht. Catull bezeugt in einigen Gedichten tiefe Achtung für sie und eine nahezu konspirative Freundschaft. Man wetteifert nächtelang in poeti-

scher Improvisation (50), lobt einander (95) und zieht gemeinsam über altmodische Vielschreiber her (14, 22, 36, 95). Catulls 95. Gedicht liest sich wie eine Kurzrezension in Versen zu einem soeben erschienenen Werk der neoterischen Schule, verbunden mit pointierter Literaturkritik nach außen. Im übrigen unternimmt man kaum etwas, womit man das Wort des alten Cato Censorius, Dichter seien Tagediebe, entkräften könnte.

Catull liefert sein Epyllion (64) und seine Nachdichtung des Kallimachos (66), wie es sich gehört, und dazu vorzüglich, doch er hütet sich, neoterisch maniriert und einseitig zu werden. Mit mythologischen Beispielen überladen, versandet der Entwurf über die vergebliche Suche nach seinem Freund Camerius (58 a). Er reißt sich heraus aus übergelehrter Dürre und schreibt über denselben Vorfall ein lebensprudelndes, graziöses Gedicht (55). Diese natürliche Frische, ihre umgangssprachliche, nicht selten vulgäre Diktion unterscheidet Catull vom »poeta doctus«, dem gelehrten Dichter, einem Leitbild der Neoteriker.

Am klarsten bekennt sich Catull zu den formalen Grundsätzen des Kreises. Der symmetrisch gestufte Aufbau der in das 68. Gedicht eingebetteten Elegie (68 a) zeigt es deutlich. Oberflächlich betrachtet, wirkt sie wie eine diffuse, in Ideenflucht ausufernde Phantasterei. Im poetischen Vergnügen am Spiel mit einem souverän beherrschten mythologischen Apparat scheint jeder Inhalt unterzugehen. Kaum ist ein Gefühl ausgesprochen, findet sich eine mythische Gestalt, die es verkörpert; kaum fällt ein Name, wird auch seine Geschichte erzählt; kaum führt diese Geschichte in eine Landschaft, die Catull an sein Gefühl erinnert, widmet er ihm leidenschaftliche Verse, und so wieder zurück. Die Trauer des Dichters erscheint zufällig, obwohl nur ihr die Elegie gilt. Fast unmerklich kommt er nach der Einleitung auf seine erschütterte Liebe zu Lesbia zu sprechen, die den Vergleich mit der Sagengestalt Laodameia herausfordert. Die Sage führt nach Troja, das an den Tod erinnert. Nun ist es nur noch ein Schritt zum Schmerzensausbruch über den Tod des geliebten Bruders auf einer

Reise durch die troische Ebene. Dann geben die Motive in umgekehrter Reihenfolge, einander die Hand, und der Aufbau des ganzen Gedichtes erinnert an ein Grabmonument, das unter viel Zierat den Sarkophag birgt. Die Komposition geht auf, alle Teile bestätigen einander. Der Bruder ist tot, und die Klage um ihn steht in der Mitte. Aber auch die Liebe zu Lesbia stirbt. Die Trauer darüber rankt sich um den verzweifelten Aufschrei, mit dem toten Bruder werde gleichsam das ehrwürdige Haus der Valerier zu Grabe getragen. Catull weiß, daß er nicht mehr in Frage kommt. Unglückliche Liebe hat ihn vollends zum Taugenichts gemacht.

Auch das Epyllion über die Hochzeit des Peleus und der Thetis (64) verschachtelt Motive aus Stoffen, die schon zu Catulls Zeit als »klassisch« galten, auf neoterische Weise. Breit werden die Sage von Theseus und Ariadne und die Weissagung, die das Parzenlied dem noch ungeborenen Sohn des Paares, Achilles, auf den Weg gibt, ausgemalt. Das Hochzeitsgeschehen bleibt Rahmenhandlung. Neoterischer Geschmack stößt sich nicht daran, daß ein Teppich unmöglich das Erzählte in allen Einzelheiten so deutlich abbilden kann. Keimformen dafür hat schon Homer, und Vergil, der zum großen Heldenepos zurückkehren wird, bedient sich derselben Technik, wenn er den Schild des Aeneas beschreibt. Das Erzählen selbst ist Catull ein gewebter Teppich. Das Sprachkunstwerk nimmt das Gleichmaß einer handwerklichen Arbeit zum Muster. Der Teppich erlaubt Dingen, die nacheinander geschahen, nebeneinander zu erscheinen. Die Ankunft des Theseus in Attika ist schon geschildert worden, da sieht die verlassene Ariadne noch einmal seine Schiffe am Horizont verschwinden. Das Szenische hat den Vorrang über die zeitliche Abfolge. Es eignet sich für die psychologisierende Aufbereitung des Altbekannten. Das psychologische Interesse am Stoff scheut sich nicht, die Locke der Berenike (66) oder eine einfache Haustür (67) sprechen zu lassen.

Catull bleibt eine Sonderbegabung innerhalb des neoterischen Geschmacks. Er übersetzt auch die klassische Sappho (51) und benutzt die Versmaße des Archilochos und des Asklepiades. Die Exotik religiöser Kulte aus dem hellenisierten Orient läßt ihn nicht unberührt, aber das Gerücht, die persischen Magier gingen aus einem Inzest hervor, bezweifelt er, obwohl es ihm gelegen kommt (90). Die Mode, den Inzest zu romantisieren, macht er nicht mit. Während ihn sein Freund Cinna zum Thema seines Gedichtes »Smyrna« wählt (95), verzichtet Catull, obwohl er den Stoff von Kallimachos bezieht, in seinem Gedicht über die Locke der Berenike (66) darauf, aus der angeblich inzestuösen Herkunft ihres Gatten Ptolemaios poetisches Kapital zu schlagen. Wenn Caecilius der kleinasiatischen Göttermutter Kybele eine dichterische Huldigung darbringt, findet Catull es verständlich, daß man das Werk bewundert, ohne es selbst zu bewundern (35). Das Attis-Gedicht, das er zu diesem Thema beisteuert (63), warnt unmißverständlich vor ekstatischen Kulten dieser Art. Da bleibt er ganz Römer, also kühler Skeptiker. Er schreibt, vielleicht auf Bestellung, einen Hymnus auf Diana (34) und bittet um Segen für die Enkel des Romulus. Er verfaßt Hochzeitslieder (61, 62) und schildert römische Bräuche. Darin sieht er eine Gelegenheit, seinen Zeitgenossen die Werte altrömischer Tradition ins Gedächtnis zu rufen. Wenn er das Lob der römischen Familie, des bescheidenen Werktagsfleißes, des schlichten Heldentums singt, bedient er nicht nur Erwartungen seiner Auftraggeber, sondern verweist auch auf die verlorene Unschuld seiner Gesellschaft, ohne den Anspruch, besser zu sein. Catull muß Rom oft entflohen sein, denn er beobachtet und gestaltet Landschaften wie kaum ein anderer antiker Dichter vor ihm. Er preist sein Landgut Sirmio am Gardasee (31) und schildert den Frühling auf der Rückreise aus Bithynien (46). Im Epyllion über die Hochzeit des Peleus und der Thetis holen zahlreiche Gleichnisse Naturstimmungen ins Bild. Wir erleben Morgengrauen und Sonnenaufgang am Meer und Sturm in wilden Bergwäldern, erblicken in klarster Beleuchtung von Wolken umzogene Gebirgsgipfel oder verfolgen den Lauf eines Gewässers vom Gletscher bis in die heiße Ebene. Auch Szenen, die an Bewegungsstudien und Genremalerei erinnern, wie der Zug der Kybele-Priester und der Botengang des Löwen zu Attis (63), der Zug des Dionysos mit seinem Gefolge und der Reigen neugierig der Argo folgender Meernymphen (64), wirken wie lebendig geschaut. Catull weicht nicht grundsätzlich von den Neoterikern ab, sondern lockert ihre Grenzen auf und bringt andere Stilmittel ein. Er füllt Vorgeformtes mit Eigenem. Die Deminutiva, denen die Vorliebe des Neoterikers gilt, klingen eine Nuance drolliger neben den Archaismen, die Catull ihnen an die Seite stellt. Schwärmerische Übertreibungen stellen sich neben maßvoll schlichte Worte und wollen nicht gefragt sein, wie echt sie sind. Scheinbar unvermutet passen umgangssprachliche Sätze in ein kompliziertes Versmaß. Krasse Vulgarismen machen sich einen Spaß daraus, modisch gestelzte Formeln vom Sockel zu holen. Bei Catull durchglüht das Feuer urwüchsiger Ausdruckskraft alles Hergebrachte.

5 Irgendwann sind Catulls Studien liegengeblieben. Sein Vater hat alle Hoffnungen aufgeben müssen. Von einem Krach erfahren wir nichts. Catull verkehrt weiter in vornehmen römischen Familien, denen sein Vater ihn empfohlen hat. Das Hochzeitsgedicht verfaßt er für einen Sohn des Hauses Torquatus, wo er wohl dem jüngeren Asinius Pollio (76–4) begegnet, einem Musenfreund, der seine Begabung bald einer Laufbahn opfert, sich von den Siegern der Bürgerkriege emportragen läßt und erst unter Augustus die Politik aufgibt, weil er an republikanischer Gesinnung festhält. Catull kürzt diesen Weg für sich beträchtlich ab. Die Liebe macht ihn hellsichtig für die Gesellschaft. Im Haus des Metellus Celer lernt er eine Frau kennen, die sein Schicksal wird: Clodia, die Schwester des Clodius Pulcher. Aus der feinen Gesellschaft in die Halbwelt ist es nur ein Schritt. Clodius gehört zu den Popularen und ist ein Getreuer Caesars. Er schickt in die Wahlkämpfe Schlägertrupps, die sich mit ähnlichen Korporationen der Optimaten erbitterte Straßenschlachten liefern. Eine wird ihn das Leben kosten. Cicero verteidigt Milo, seinen Mörder, in einer geschliffenen Rede. In Clodia, die schöne Gemahlin

des Metellus Celer, verliebt sich Catull. Ihre Sitten verbieten es ihr nicht, ihn zu erhören. Aber wie ihr Bruder auf der Straße keine Skrupel kennt, will sie im Bett auf nichts verzichten. Sie erhört nicht nur den leidenschaftlich entflammten Dichter.

Catull unternimmt manchen Versuch, sich von dieser Liebe zu befreien. Am Anfang, kaum erwacht, ist sie schüchterne Anbetung (2, 51). Zuletzt ist sie so qualvoll wie aussichtslos. Der stärker Liebende unterliegt. Er will sich losreißen, muß aber erkennen, daß er der Frau, sosehr er sie haßt, verfallen bleibt (75, 76, 85). Dazwischen wechseln Vertrauenskrisen (68, 87) und das Glück des Wiederfindens (107). Catull feiert auch Triumphe: Er hat Lesbias Liebe geweckt, ist erhört worden, sie haben dem arglosen Gatten Hörner aufgesetzt (83, 92). Aber gerade in ihrer Erfüllung weiß diese Liebe um ihre Gefährdung (5, 7), denn eine ehebrecherische Beziehung kann keine Treue fordern (68). Die Hoffnung, der wankelmütigen Geliebten weh zu tun, indem man sich von ihr abwendet (8, 11), erweist sich als trügerisch. Anfangs denkt Catull nicht einmal daran, daß ein Rivale ihn verdrängen könnte. Entweder ist Lesbias Liebe so stark wie die seine, oder sie spielt vollendet. Ungestüm bricht seine Bestürzung hervor, sobald er entdeckt, wie oft sie die Liebhaber wechselt. Der Tiefe seiner Liebe entspricht die Wucht der Beschimpfungen, mit der er der Wut über die Täuschung Luft verschafft (73, 58). Maßlose Eifersucht heizt seine Phantasie selbstquälerisch an. Die Frechheit wird weinerlich: Was ihm der Affekt in den Griffel gibt, wirkt affektiert. Das letzte Wort Catulls in dieser Liebe kann es nicht bleiben. Läßt der ohnmächtige Haß nach, fließt in das verödete Leben eine unüberwindliche Liebe zurück, trostlos und unerwidert.

So entsteht das berühmte 85. Gedicht: »Odi et amo...« Die Antike kennt kein vergleichbares Zeugnis des Doppelgefühls der Haßliebe. Die beiden Verse sind ungezählte Male übersetzt worden. Jede Zeit hat ihnen ihre eigene Art zu fühlen eingegeben. Dabei wurden sie zum Beispiel für die unüberwindliche Schwierigkeit, Lyrik in eine andere Sprache zu gie-

ßen. War es Unachtsamkeit oder christliche Scheu vor unge-
wollt blasphemischem Bezug, die das Bild der Kreuzigung
am Ende des Distichons immer zu umgehen suchte? Es beruft
sich auf den Anfang und bildet die metaphorische Klammer.
Der Dichter fühlt sich so zerrissen, daß ihm einzig das Kreuz,
an dem man entlaufene Sklaven hinrichtete, eine sinnliche
Entsprechung für einander so widerstrebende Gefühle bietet.
Der entlaufene Sklave einer Leidenschaft ist, wieder einge-
fangen, zu tödlicher Passivität verurteilt.

Catull weiß, daß er sich um den Preis seines Lebens aus
dieser Verstrickung lösen muß. Jede Ablenkung ist ihm willkommen. In Abenteuern mit anderen Frauen (32, 41, 110)
hofft er Unbeschwertheit wiederzufinden. Einer Ipsitilla kün-
digt er protzig »neun Nummern« an (32). Er beschwert sich,
daß sich Ameana, das »abgerittne Flittchen«, zu hoch bezahlen
läßt (41), und es wundert ihn immer wieder, daß man Frauen
schön findet, die nicht Lesbia heißen (43, 86). Man könnte
solche Gedichte auch vor die Zeit mit Lesbia setzen. Aber der
Geriebene hätte sich vielleicht nicht so unrettbar verliebt. Sowohl in der Aufschneiderei als auch im Unmut äußert sich
Enttäuschung, daß es keinen Ersatz gibt. Auch die schwärmerische Neigung für Juventius, einen schönen jungen Menschen
aus ehrwürdiger Familie, mag Catull für eine Zeit Schutz vor
dem Schmerz der zerbrochenen Liebe geboten haben (24, 48,
81, 99). Die Knabenliebe galt nicht als schimpflich, allenfalls
als heikel, und homoerotische Beziehungen wurden kaum als
abnorm empfunden. Das Hochzeitslied (61) spielt darauf an,
daß der Bräutigam nun diesen bislang einzig erlaubten erotischen Umgang aufgeben müsse. Spott oder Strafe zog derlei
nur auf sich, wenn jemand sich für Geld preisgab, wenn Nöti-
gung vorlag oder die Scham, die keine festen Grenzen hatte,
grob verletzt wurde.

Der Tod des Bruders gibt der Verdüsterung seines Gemüts
neue Nahrung (68). Nun darf er wirklich tief traurig sein.
Eine Reise mit dem Prätor Memmius nach Kleinasien, ins
ferne, karge Bithynien, schafft wenig Linderung. Er sieht die
Ruinen untergegangener Städte. Müßiggang war ihr Verhäng-

nis. Nichtstun ist auch sein schlimmster Feind: Wer keine erfüllenswerte Pflicht findet, verzettelt sich in unerfüllter, unerfüllbarer Liebe (51). Catulls früher Tod ist die Folge einer Krankheit, und vielleicht wurde er unheilbar krank, weil seine Seele zerrüttet war.

Frechheit und Tränen liegen bei Catull nahe beieinander. Sein scharfer Verstand erzeugt beißenden Spott. Doch so skurril und zotig sich seine Verse gebärden, ihr Humor gefriert gleichsam, rühren sie an seine Liebe. Ihre Temperatur und ihr Ton wechseln zuweilen wie im Fieber. Glutröte scheint über sein Gesicht zu wallen, seine Stimme glaubt man mit dumpferem Klang zu hören. Unvermittelt tritt klagender Ernst in eine heitere Huldigung an Freunde (100) oder in eine hysterische Schimpftirade (37, 58), mitunter formelhaft bis zum Zitat (37.12 = 8.5). Es ist nicht scheinheilig, was Catull in seinen hymnischen Gedichten von Keuschheit zu sagen weiß (34, 61, 62). Seine Tränen bezeugen, daß er mit seiner Frechheit nur, freilich unterlegen, versucht, Gegner mit ihren eigenen Waffen anzugreifen.

6 Catull, der Frühverstorbene, ist nicht zu verstehen, sein Lebensgefühl bleibt uns fremd ohne einen Blick auf den Tod, wie ihn die Menschen seiner Zeit sahen. Schon in den Jubel erster Liebeserfüllung flicht er die Besinnung auf ihn (5). Der Todesschlaf ist ein Wandeln durch ewige Nacht. Er ist nicht tröstlich, denn er nimmt einem nicht das Bewußtsein seiner selbst. Der Abgeschiedene, auch das Tier, erlebt im Orkus nur Finsternis (3). Noch in dem kleinen Gedicht, das Kaiser Hadrian zweihundert Jahre nach Catull auf dem Sterbebett verfaßt haben soll, schweift das »Seelchen« durch kahle, harte, öde Gefilde, in denen ihm aller Spaß vergeht. Das irdische Leben ist ihnen in jeder Weise vorzuziehen. Nur den Verdienstvollen, den Vortrefflichen, den Ausgezeichneten bleibt das selige Elysium vorbehalten. Am Grab seines Bruders (101) vollzieht Catull die überkommenen Kulthandlungen: Er gibt dem Verstorbenen Grabspenden und Totengeschenke als

Wegzehrung mit in die Unterwelt. Aber er zweifelt, ob das wirklich Lebende mit Toten verbindet. Zweifel beherrschen das Trostgedicht an Calvus, dessen Frau gestorben ist (96): Über allem, was die Menschen nach dem Tod erwartet, hängt ein großes »Wenn«. Das Licht des christlichen Jenseits ist Catull noch unbekannt, und das Nichts ist ihm nicht denkbar. Man ist nicht mehr fromm, kommt aber nicht ohne Frömmigkeit aus; die Zeit ist vorchristlich, aber schon gottlos; die Götter leben nicht mehr, aber man kann ohne Götter nicht leben. Der aufgeklärte Versuch Epikurs, die Götter loszuwerden, ohne sie zu leugnen, sie in Zwischenwelten zu verweisen, wo sie den Menschen weder schaden noch helfen können, löste den alten Götterglauben auf in einen vielsinnigen Reigen ästhetischer Symbole und empfahl, was Brauch wurde: Rituale der Konvention zuliebe zu wahren. Aber dieser Umgang mit Religion ist den meisten Leuten zu intellektuell. Die Verhältnisse sind ohne religiöse Erklärungen nicht zu ertragen, und wer Religion braucht, läßt sich von ihr verführen. Aus dem Orient kommen mit Sklaven und Freigelassenen neue Kulte nach Rom. Die römische Staatsreligion hat sich durch den Mißbrauch in den Händen Mächtiger kompromittiert. Immer mehr Ersatzreligionen scharen Anhänger um sich. Verfeinerter Individualismus sucht eine Rechtfertigung des Daseins und des Schicksals in einem bestimmten Gott. Wer schon immer unter den Olympiern einen Liebling gesucht hat, sympathisiert mit Vorstellungen eines einzigen Gottes. Auf diesen Grund stellt sich bald, restaurativ und von Anfang an brüchig, der Kaiserkult. In diesem Boden wird das Christentum Wurzeln schlagen.

Catulls Gefühle bewegen sich noch zwischen den Religionen wie seine Meinungen zwischen den Herrschaftsformen. Wie er mit den Maßstäben der Adelsrepublik urteilt, hängt er den alten Göttern und ihrem Totenreich nach. Götter, sofern er über sie nachdenkt, kann er nicht moralisch besser finden als Menschen. Nur Wunderkraft und Unsterblichkeit verleihen ihnen einen höheren Rang. Ist ihnen dann aber noch zu trauen? Treffen Jupiters Blitze, die Pfeile Dianas oder Cupidos nicht völlig willkürlich? Catull läßt das auf sich beruhen. Selbst wenn er frömmer wäre, könnte er weder für einen Gott noch für eine Überzeugung je eifern. Niemand verlangt es von ihm. Seine Zweifel haben keine Inquisition zu fürchten. Wo viele Götter sind, da sind viele Meinungen erlaubt.

Aber der Sterbliche, der auf keine bessere Welt im Jenseits, auf keine Entschädigung in einem anderen Leben hofft, kann nicht entsagen. Er muß das Diesseits genießen, und seine Liebe erfüllt sich irdisch oder gar nicht. Seine Genüsse sind auf die Sinne angewiesen, seine Liebe kennt nur den Körper. Er weiß nichts von Mystik, nichts von Romantik, nichts von christlicher Verinnerlichung, nichts von individualethischen Beziehungen zwischen den Geschlechtern. Die Ehe sieht er als zivile Einrichtung, die vor allem Besitzfragen regelt. Seine Liebe ist Glück oder Verhängnis. Dazwischen gibt es nichts. Das Wort »Herz« findet sich in Catulls Gedichten, sooft sie von Liebe sprechen, sehr selten. Nie ist es ein Ort, auf den er sich zurückziehen kann.

Sein Diesseits bedrohen unversöhnliche Gegensätze. Ein Leben in einer einzigen Welt, in einer einzigen Zeit will immer rascher, immer heftiger genossen sein. Um Lesbia, um seine Freunde und Feinde steht es nicht anders. Müßiggang, Wohlstand und Bedrohung steigern den Anspruch auf Lebensgenuß zu brutaler Lebensgier. Man muß »sich ausleben« um jeden Preis, man besteht darauf, daß einen das Leben mit der Frage nach seinem Sinn in Ruhe lasse, und rät dem Nächsten, sich nicht in den Weg zu stellen. Alle Werte des Lebens, Liebe, Freundschaft, Pflichterfüllung für das Gemeinwohl, verfallen. Für jeden zählt einzig, wie viele Genüsse er sich in seiner kurz bemessenen Spanne verschafft. Vor Einbruch der ewigen Nacht will er von den köstlichsten Früchten so viele wie möglich erhaschen. Achtung vor den Gefühlen des anderen ist dabei nur hinderlich. In der römischen Lebewelt kommen egozentrische, oberflächliche Geschöpfe wie Lesbia und ihre neuen Liebhaber weiter als einer, der sich an eine zerbrochene Liebe hängt. Mangel an Ehrgeiz, in die Beamtenschicht aufzurücken, und Unglück bei einer Frau verbrüdern sich gegen Catull. Seine Rivalen bringen es zweifellos auch im praktischen Leben weiter. Der Verweigerer wird unversehens zum Versager. Ebensowenig, wie er sich der Öffentlichkeit anpaßt, hält er, sosehr er sich bemüht, die ungeschriebenen Gesetze der Intimsphäre ein. Er hat nichts zu bieten als das echte Gefühl und wird verschmäht.

Die Millionen rechtloser Arbeitstiere mit Menschenantlitz treten in der Dichtung dieser Zeit nicht auf. Auch Catull äußert über die Sklaverei keinen Gedanken. Da er sich um die Machtgierigen nicht kümmert, gibt er es auch auf, sich über Roms Zukunft den Kopf zu zerbrechen. Diese Abkehr allein hätte ihn nicht zum Kritiker seiner Gesellschaft gemacht. Aber kein Mißerfolg bewegt ihn, sich doch noch anzupassen. Überall scheitert er, weil ihm die Unantastbarkeit menschlicher Gefühle etwas gilt – er gibt sie nicht preis. Treu bleibt ihm allein seine Dichtkunst, und er führt sie zu einer Meisterschaft, mit der er Jahrtausende überdauert.

In der Widmung an den Geschichtsschreiber Cornelius Nepos nennt Catull seine Gedichte bescheiden »Spielereien«, »Possen« (1). Ahnte er nicht, was er unter den Händen hatte?

Vergil oder
Die Dialektik von Mythos und Geschichte

1 Der altrömische Gott Janus hatte zwei Gesichter, die in entgegengesetzte Richtungen schauten. Nur wenn Rom an keiner Stelle der Welt in kriegerische Handlungen verwickelt war, wurden die beiden Pforten seines Tempels geschlossen. Drei solcher Schließungen rechnete Augustus, der erste in der langen Reihe römischer Cäsaren, unter seine größten Verdienste. Denn sie waren vom Volk am längsten und am heftigsten ersehnt worden, und die ganze Republik hatte nur zwei aufzuweisen.

Der zwiegesichtige Janus, dieser Gott der Türen und Tore, die immer sowohl Eingänge als auch Ausgänge sind, hatte schon in titanischer Zeit auf dem Hügel Janiculus regiert und einen griechischen Flüchtling bei sich beherbergt, den gestürzten Gott Kronos, von den Römern Saturnus genannt, und mit ihm gemeinsam einem Goldenen Zeitalter obwaltet. Gleichsam in die Vergangenheit wie in die Zukunft blickend, versinnbildlicht er Wesenszüge der römischen Kultur. Er wohnt auch im Werden und Schaffen eines der größten Dichter: Vergil.

Janusköpfig wurde die römische Kultur durch die politischen Verhältnisse im Mittelmeerraum während ihrer ersten Aufschwünge. In drei Kriegen hatte Rom die See- und Handelsmacht Karthago vernichtet. Das Übergewicht Roms machte eine Auseinandersetzung mit Makedonien, das ganz Griechenland beherrscht hatte, unvermeidlich. Die Sieger trafen mit der am reichsten entfalteten, subtilsten Kultur zusammen, die bis dahin in der antiken Mittelmeerwelt gewachsen war.

Aber diese Kultur trug bereits die Male des Verfalls. Die

Römer hingegen hatten Bildung, Kunst, Philosophie, Literatur kaum Bedeutung beigemessen. Sie waren Bauern gewesen. Die Seefahrt hatten sie lernen müssen, der Kriegskunst war jeder Vorzug gegeben worden, niemals hatten sie mehr gedacht als getan und immer zuerst gehandelt und dann darüber nachgedacht, billigend und rechtfertigend natürlich mit dem Argument ihrer Erfolge, und so waren ihre Schriften wenig mehr gewesen als knappe, selbstbewußte Jahresberichte, meist anonyme Annalen.

Jedem Sieger tut es weh, wenn ihm der Besiegte, der nur der Gewalt gewichen ist, in seiner ganzen Lebensart Überlegenheit vorführt. So wuchs unter den wohlhabendsten und angesehensten Römern bald der Ehrgeiz, ebenso kultiviert zu werden wie die Griechen, die man öffentlich verachtete, heimlich aber beneidete. Selbst der erzkonservative, erzrömisch gesinnte Staatsmann Cato Censorius (234–149 v. u. Z.), der eine Verweichlichung seiner Mitbürger befürchtete, wenn sie unter den Einfluß der schlaffen Griechen gerieten, studierte hinter verschlossener Tür emsig ihre Schriften, um einen Weg zu finden, auf dem der Römer dem Griechen ebenbürtig werden könnte, ohne zugleich von dessen Schwächen und Gebrechen angesteckt zu werden. Die Römer griffen mit frischer Lernlust auf, was die Griechen geleistet hatten, waren aber angestrengt auf der Hut vor den Verfallserscheinungen ihres Vorbildes. So wuchsen der römischen Literatur zwei Gesichter. Das eine blickte in die Vergangenheit, zu den Griechen, das andere blickte in ihre eigene Zukunft.

Aber auch diese Zukunft nahm janusköpfige Gestalt an. Während die römische Literatur erste Blüten von eigener Form und Farbe trieb, während es ihr allmählich gelang, sich der Vollendung der Griechen zu nähern und dennoch immer römischer zu werden, geriet das römische Staatswesen in eine schwere Krise. Die republikanischen Institutionen wurden mit dem Machtzuwachs nicht fertig. Die Herrschenden hatten Mühe, ihre Siege zu verwalten. Ein Gebilde aus militärisch überwachten Provinzen und wirtschaftlich abhängigen Einflußsphären, das sich in alle Himmelsrichtungen nahe an die

Grenzen der damals unter Europäern bekannten Welt ausgedehnt hatte, war nicht mehr regierbar durch einen privilegierten Senat, eine entscheidungsschwache Volksversammlung und doppelt besetzte Staatsämter, die niemand länger als ein Jahr innehaben durfte. Welch eine Verlockung für verwegene, machthungrige Politiker! Viereinhalb Jahrhunderte nach der Vertreibung des letzten Königs war wieder die Möglichkeit in aller Munde, daß Rom von einem einzigen Mann regiert werde.

Die Literatur aber, die gerade im Begriff war, Meisterwerke lateinischer Sprache hervorzubringen, hatte ihren Geist aus republikanischen Verhältnissen geschöpft. Eines ihrer Gesichter blickte zurück auf die Republik, das andere voraus auf das Kaiserreich.

2 Publius Vergilius Maro wächst in dieses Zwielicht von Eingang und Ausgang hinein, über dem der doppelgesichtige Gott Janus waltet. In dem Dorf Andes bei Mantua wird er am 15. Oktober 70 v. u. Z. geboren. In diesem Jahr bekleiden Pompejus und Crassus das Konsulat, das höchste römische Staatsamt. Sie nehmen es wie andere vor ihnen nicht mehr ganz ernst. Einer unterstellt dem anderen, was ihn selbst bewegt: das Streben nach Alleinherrschaft. Die Einigkeit gegen die aufständischen Sklaven unter Spartacus ist schon wieder auseinandergebrochen, als noch die Besiegten an ihren sechstausend Kreuzen entlang der Via Appia hängen.

In Norditalien ist von politischen Krisen weniger zu spüren als in Rom. Der Knabe, in bäurischem Milieu geboren, lebt lange in ländlicher Umgebung. Es heißt, sein Vater sei Lohndiener eines Staatskuriers gewesen und habe sich dann von seinen Ersparnissen Land gekauft. Dieser Besitz vergrößerte sich nach und nach. Auf Schulen in Cremona und später in Mailand lernt der junge Vergil in rhetorischen Übungen und philosophischen Theoremen, was ein Staat sei, wozu er tauge und welche Vorzüge insbesondere der römische besitze. Das alles legt republikanisches Gedankengut in ihm an.

Denn die Republik gilt noch viel, wenn nicht alles. 63 ist Cicero Konsul. Er vertritt den Standpunkt, daß die bestehenden Institutionen ihre Zwecke auch unter veränderten Bedingungen erfüllen, wenn sie mit bewährter römischer Tugend erfüllt werden. Sein Dilemma ist nur, daß er sehr wenig römische Tugend findet, wenn er die führenden Männer Roms betrachtet. Er weiß, wen er zu meiden hat, aber er weiß nicht, wem er sich anschließen soll. Immerhin gelingt es ihm, die Verschwörung des Catilina aufzudecken und zu zerschlagen, ein politisches Komplott gegen die Republik, das sich durch Konspiration mit der kriminellen Halbwelt selbst isoliert hat. Aber während Cicero redet, steigt ein entschlossener Mann von Amt zu Amt durch die Hierarchie der Republik und nähert sich unbeirrbar dem Punkt, wo es mit republikanischen Mitteln nicht mehr weitergeht, obwohl er keinen Zweifel darüber läßt, daß er weiter will und weiter muß: Gajus Julius Caesar.

Caesar hat die Überzeugung gewonnen, daß die Macht zu den notwendigen Veränderungen im Staat nur derjenige erreicht, der die Partei der Popularen ergreift und die Interessen der plebejischen Schichten in Rom vertritt. Ihre Masse und ihr Elend liefern ihm Argumente und sichern ihm Zulauf. Er scheut keine Schulden, um die Wählermassen zu bestechen, und in seinen Provinzen Spanien und Gallien schreckt er vor keiner Gewalt, keinem Wortbruch, keinem Beutezug zurück, um diese Schulden begleichen zu können. Auch er hält Reden, gelungene Reden sogar, die selbst einem Cicero Bewunderung abnötigen. Aber seine Taten sind wirksamer als seine Worte und stellen bald schon Sinn und Zweck der ganzen forensischen Beredsamkeit in Frage.

Vergil setzt seine Studien in Rom fort. Zu seinem Geburtstag im Jahr 55 hat er die Männertoga angelegt, und die Überlieferung weist darauf hin, daß am gleichen Tag der Dichter Lukrez gestorben sei. Lukrez hatte ein Lehrgedicht in lateinischen Hexametern über die Philosophie Epikurs verfaßt. Er gilt als Vergils Lieblingsdichter und als sein wichtigstes formales Vorbild. Und bald finden wir den jungen Dichter auch unter den Schülern des epikureischen Philosophen Siro in Neapel. Zu einer Zeit, als in Griechenland die Politik bereits über die Köpfe der Bürger hinweg geschah, lehrte Epikur in seinem Garten am Stadtrand von Athen, daß der Verständige gut daran tue, zurückgezogen zu leben. Er forderte nicht mehr wie Plato, daß die Weisen zu herrschen hätten, sondern meinte, es genüge, wenn die Herrscher die Weisen in Ruhe ließen.

Solche Bedingungen reifen nun auch in Rom heran. Bei zaghaften Versuchen, sich in Rom als Anwalt zu betätigen, hat Vergil sehr deutlich gespürt, daß wohlgesetzte Worte, scharfe Schlüsse, redlicher Umgang mit den Gesetzen, gesunder Menschenverstand, Römerehre, kurz: alle Werte einer republikanischen Öffentlichkeit nichts mehr gelten, wenn Geld, Spekulationen, Komplotte, undurchsichtige Beziehungen und schließlich Söldner dagegen in die Schranken treten. Die Republik läßt sich ausplündern, läßt sich von ihren eigenen Waffen bedrohen, läßt sich von zweifelhaften Republikanern erpressen.

Aber die Furcht der Römer vor der verächtlichen »asiatischen« Monarchie ist so stark, daß Caesar sich als Retter der Republik verkleiden muß. Für die Sanierung des römischen Staatswesens hat er tatsächlich die vernünftigsten Pläne. Seine militärischen Erfolge sind blendend. Seine menschlichen Eigenschaften, echt oder gespielt, gehören zu den gewinnendsten. In der Wahl seiner Mittel hat er sich nie die geringsten Skrupel erlaubt. Nur eins hat er zu fürchten: die Furcht vor der Monarchie. Ihr wohnt panisches Entsetzen inne. Was zu den Iden des März 44 v. u. Z. geschieht, ist der Ausdruck einer schleichenden Panik. Die Männer, die Caesar ihre Dolche in den Leib stoßen, sind nach zwei Jahren mit Schimpf und Schande am Ende.

Der Bürgerkrieg geht jedoch weiter: um das Erbe Caesars. Seine Ziele haben sich weiter von den Interessen des römischen Volkes entfernt, aber sie kosten ein Vielfaches an Blut. Vergil lebt in ländlicher Zurückgezogenheit bei Neapel und läßt sich selten in Rom sehen. Jegliche juristische Praxis hat er aufgegeben. Pläne für eine politische Laufbahn hat er kaum je gehabt. Da ist zuviel Unkraut, zuviel Gestrüpp für einen Menschen, der wie Epikur das Leben in einem Garten liebt und seit einiger Zeit Gedichte macht. Der väterliche Besitz sichert ihm Einkünfte, eine Philosophie der maßvollen Genüsse befähigt ihn, damit auszukommen. Er ist auf dem Lande groß geworden und fühlt sich dort am wohlsten. Für Rom ist er zu schüchtern und auch nicht gesund genug. Er leidet unter Magenbeschwerden und wird manchmal von einem Husten mit blutigem Auswurf geplagt. Von den Bauern hat er wohl das zurückhaltende Wesen, das linkische Gebaren unter Städtern, den sonnengebräunten Teint und die Schwerfälligkeit der Zunge, nicht aber die körperliche Stärke. In urbaner Konversation wirkt er wie ein Tölpel, nicht weil er zuwenig weiß oder zuwenig nachdenkt, sondern weil er jeden Gesprächsgegenstand mit vollem Ernst behandeln möchte und jedes Wort mit kritischer Strenge glaubt wägen zu müssen.

3 Seine frühesten Gedichte, die zusammengefaßt als »Catalepton« überliefert sind, folgen dem Geschmack, den er in Rom vorgefunden hat. Sie lassen das Vorbild Catulls erkennen und entsprechen den poetischen Maximen der Neoteriker, die sich an hellenistischer Formbeherrschung und Grazie schulten, im Unterschied zu Catull aber ganz unpolitisch blieben. Vergil bevorzugt ländliche Themen und feiert Priapus, den bäurischen Fruchtbarkeitsgott mit dem übergroßen Phallus. Dann wendet er sich Hirtengedichten zu und folgt darin dem Vorbild des griechischen Dichters Theokrit. Er stilisiert das Leben der Bauern und Hirten zu einer Idylle, in der die Beziehungen zwischen den Menschen noch menschlich sind, in der ein Mensch sich frei fühlen kann, weil er darüber entscheiden darf, was er produziert, wie er es produziert und was mit seinem Produkt geschieht.

Da trifft ihn, wie von Jupiter geschleudert, ein Blitzstrahl aus der scheinbar fernen Wolke der Politik. Octavian, Großneffe und Adoptivsohn Caesars, der Erbe des Diktators, hat bei Philippi (42 v. u. Z.) die Caesarmörder vernichtet und findet seine Soldaten mit Landzuteilungen ab. Das Land nimmt er denen weg, die gegen ihn gewesen sind. Da es nicht ausreicht, enteignet er auch Unpolitische. Vergil verliert den gesamten väterlichen Besitz und ist mit einem Schlag arm. Er kann seinen epikureischen Garten bei Neapel nicht halten. Vergil begreift, daß die Mächtigen demjenigen, der sich nicht um sie kümmert, sehr unangenehme Überraschungen bereiten können.

Er packt seine Hirtengedichte zusammen und findet sich in Rom ein, besucht wieder alte Freunde und versucht sich ein Bild von diesem Caesar Octavianus zu machen. Dieser Mann hat sein Leben zerstört. Nur er kann es wiederherstellen. Vergil hört Widersprüchliches über den sieben Jahre jüngeren Machthaber. Noch nimmt nicht jeder ein Blatt vor den Mund. Manche nennen ihn einen Räuber, weil er ihnen alles weggenommen hat. Andere schelten ihn einen Filz, weil er ihnen zuwenig gegeben hat. Soldaten kennen peinliche Anekdoten über sein Verhalten im Schlachtengetümmel. Leute, die Julius Caesar wohlgesinnt waren, vermissen an seinem Großneffen die überlegene Milde und Gelassenheit des wirklich großen Mannes. Anfälle von Rachsucht und Blutgier haben seine Siege besudelt. Vergil sieht ein hartes, kantiges Jungengesicht mit wachen, prüfenden Augen, die dem geringsten Anzeichen von Widerspruch unerbittlich nachspüren, in denen aber auch noch Verwunderung aufglimmen kann darüber, daß ihm so viele gehorchen.

Vergils Freunde Asinius Pollio, Cornelius Gallus und Alfenus Varus kennen Octavian schon persönlich. Sie finden ihn gar nicht so unrecht. Er hat Vergnügen an gelungenen Versen und ein beachtliches Kunstverständnis. Sie erklären Vergil mit wohlwollender Geduld und ein bißchen urbaner Sophistik, daß Octavian zur Zeit der einzige Politiker sei, der Rom retten könne. Ohne blutige Hände stehe nach den Bürgerkriegen keiner da. Das Volk sei des vielen Blutes müde. Es wolle jeden Sieger als Heilsbringer annehmen, wenn er nur den Frieden sichert. Die Kunst brauche den Frieden ebenso nötig wie das Volk. Warum sollte nicht auch sie ihn aus den Händen des Mannes nehmen, der ihn durch seinen Namen, sein Vermögen und seine militärische Macht am glaubwürdigsten anbiete? Und warum sollte sie ihm nicht dafür danken? Es gehe ja nicht um hohle, schwülstige Lobpreisungen. Eine knappe Anspielung, eine unauffällige Aufmerksamkeit des Wortes in römischer Schlichtheit, die Octavian übrigens sehr liebe, wäre gerade das richtige.

Er packt seine Hirtengedichte aus und schreibt weiter. Die unauffällige Aufmerksamkeit des Wortes für Octavian kostet ihn keine Überwindung. Man kann sie bemerken und verstehen. Das Gedicht bleibt aber auch dann ein gekonntes, in sich stimmiges Stück Poesie, wenn sie einem entgeht. Der Hirt Tityrus verdankt seinen bescheidenen Besitz einem göttlichen Wesen fern in der Stadt – so versteht er es in seiner Einfalt. Er ist glücklich und gibt seinem Gast Meliboeus, der alles verloren hat, ab von seinem Glück. Was in der Stadt geschieht, liegt den Hirten so mythisch fern wie die Geschicke der Götter, aber es wirkt auf ihr Leben ein. Diese Hirten wollen sich nicht in die Belange der Götter einmischen, aber wer ihnen ihr Auskommen läßt, genießt ihren Dank. Warum sollte man einen Menschen, dem es gegeben ist, Frieden, Wohlstand und Gerechtigkeit zu bringen, der also die Gabe des Regierens in besonders hohem Maße besitzt, nicht einem Gott gleichsetzen: das hat schon der nüchterne Philosoph Aristoteles, ein Lehrer Alexanders, ernsthaft erwogen.

Wo Vergil die Person Octavians, des späteren Kaisers Augustus, in seine Dichtung einbezieht, ist jedesmal, von den Eklogen bis zur »Aeneis«, wenig Preis und viel Verpflichtendes zu finden. Jedes Lob verpflichtet: Du hast mehr Macht als alle anderen Menschen, du mußt sie auch besser gebrauchen als alle anderen, sonst gehört sie dir nicht rechtens! Je enger Vergils Beziehungen zu Augustus wurden, um so tiefer versteht er Geschichte und Gegenwart, um so größere historische Dimensionen nimmt die Verpflichtung an, die er mit seinen Versen dem Herrscher auferlegt. Wer die Befugnisse eines Gottes an sich bringt, muß es sich auch gefallen lassen, daß ihm der Dichter Vollkommenheit abverlangt. Das ist fortan der politische Bezug in Vergils Dichtung. Einem unerbittlichen Machtanspruch setzt er ebenso unerbittlich menschliche Maßstäbe entgegen. So will es das Selbstbewußtsein des Dichters, der in der alten Welt ein Seher und Künder ist. So will es auch der Stolz des Römers.

Die Freunde erwirken für Vergil eine Erlaubnis, Octavian vorzulesen. Der Dichter findet Beifall und Ermutigung. Sein Familienbesitz wird ihm zurückerstattet. Der bedauerliche Irrtum soll vergessen sein. Vergil zieht sich wieder in seine selbstgenügsame Ländlichkeit zurück, beendet die Eklogen und gibt sie 39 v. u. Z. als »Bucolica« heraus. In Rom spricht sich schnell herum, wer er ist und was er kann. Aber Vergil empfindet auch angesichts ersten Dichterruhms eine eigenartige Scheu vor der Öffentlichkeit und zieht das Leben auf Landgütern vor. So versäumt er zu überprüfen, wie weit der Politiker sich den Verpflichtungen durch den Dichter stellt.

Wenn Vergil sich in Rom aufhält, ist er, wohl ab 37 v. u. Z., regelmäßig gern gesehener Gast, ja gefeierter Liebling im Hause des Maecenas, eines begüterten römischen Ritters, der sich gern mit Dichtern und Künstlern umgibt und die Bedürftigen unter ihnen fördert. Maecenas bleibt immer Privatmann und benutzt seine langjährige Freundschaft mit Octavian nicht dazu, politisch Karriere zu machen. Vielmehr verleiht ihm sein neutraler Status, wenn er dennoch die eine oder andere diplomatische Mission übernimmt, mehr Glaubwürdigkeit.

In seinem Kreis ist Maecenas mit viel Einfühlungsvermögen bemüht, die Dichter aus ihrer Reserve herauszulocken. Er verlangt keinen Opportunismus. Dazu ist er viel zu aufrichtig von Octavians Programm überzeugt. Seine Argumente werden immer stichhaltiger, weil die Verhältnisse in Rom und Italien sich wirklich stabilisieren, während Antonius, noch Teilhaber der Macht, aber schon möglicher Feind, in seinen östlichen Provinzen mit Kleopatra, der welkenden ägyptischen Schönheit, unrömisch praßt, asiatisch willkürlich regiert und die Sicherheit der Reichsgrenzen aufs Spiel setzt. Die Bürgerkriege sind mit einem derartigen Verschleiß an tapferen Männern und fähigen Politikern geführt worden, daß der römische Bürger die Sache Roms tatsächlich in Octavians Händen am besten aufgehoben sieht.

Vergil bringt einen seiner besten Freunde mit zu Maecenas: Horaz. Er ist von niederer Abkunft; sein Vater war Freigelassener. Ihm hat der Bürgerkrieg noch ärger mitgespielt. Er kämpfte auf der Seite der Caesarmörder und kam bei Philippi mit nichts als dem nackten Leben davon. Jetzt will er sich nur noch auf sein poetisches Talent verlassen, das sich als beträchtlich erweist, so daß ihm Maecenas ein Landgut schenkt. Auch er hat die Lehren des Epikur beherzigt, auch er liebt es, zurückgezogen zu leben und Freundschaften zu pflegen. Er hat mehr Humor und ein lebhafteres Temperament als Vergil, fühlt sich aber gerade von dessen träumerischem Ernst angezogen. Die beiden arkadischen Freunde Vergil und Horaz sind bald die prominentesten Gestalten des Maecenaskreises. Sie dürfen sich rar machen, wenn sie wollen. Junge Nachwuchsdichter wie Properz, der mit seinen Liebeselegien einen ganz neuen, ungewohnt weichen Ton in die Literatur bringt, suchen ihr Urteil. Das fällt allerdings ein bißchen knapp und verwundert aus. Octavian krönt gelegentlich mit seinem Erscheinen den Abend.

4 Aus diesem Kreis kommen starke Anregungen für Vergil. Seine Liebe zum Landleben und seine landwirtschaftlichen Kenntnisse stehen gesellschaftlichen Erfordernissen der Zeit nahe. So entstehen in den Jahren bis 30 v. u. Z. die »Georgica«, ein Lehrgedicht in Hexametern, das in vier Büchern vom Akkerbau und von der Pflege der Obstbäume, von Viehhaltung und Bienenzucht, von der Schönheit Italiens und den Wonnen des Landlebens handelt. Vergil kann auf die Verstechnik des Lukrez zurückgreifen, der in seinem Lehrgedicht »Über die Natur der Dinge« den ursprünglich griechischen Hexameter endgültig im Lateinischen heimisch gemacht hat. Auch die kosmische Dimension des Lukrezischen Gedichts erschließt Vergil für sein Thema, und den Fragen des Götterglaubens gegen-

über wahrt er eine an Epikur geschulte Distanz. Doch die grimmige Zerschmetterung der Religion, mit der Lukrez übermäßiger Furcht vor dem Eingreifen mythischer Mächte in menschliches Leben begegnet, vollzieht Vergil nicht nach. Er sieht im Mythos weniger Gründe für Angst und Demut; Mythos ist ihm poetische Selbstvergewisserung des Menschen und Gewähr kosmischer Geborgenheit. Hesiod, der Zeitgenosse Homers, mit seinen »Werken und Tagen« wird als Vorbild wirksam.

Lukrez hat den Ausbruch der römischen Krise erlebt und die Katastrophe gefürchtet. Ihm ging es nur um die Gefährdung des Menschen. Er glaubte Ruhe zu finden in dem Gedanken, daß es keine größere Gefahr für den Menschen gebe als den Menschen. Vergil schaut auf die römische Krise zurück und will nun helfen, ihre verheerenden Folgen zu beheben. Alles ist umgewälzt worden in Italien, als wäre ein gewaltiger Pflug hindurchgefahren. Bauern haben ihr Land verloren oder mußten umsiedeln, Söldner sind Bauern geworden. Die Liebe zur Erde und zu den Mühen, mit denen ihr das Lebensnotwendige abgerungen wird, muß neu gelernt werden. Vergil findet es nicht beruhigend, daß der Mensch die größte Gefahr für den Menschen ist. Er hat erlebt, wie umkehrbar Gut und Böse werden können, und vermag sich nach all den Greueln, die in dem Glauben, das Rechte zu tun, auf beiden Seiten verübt wurden, nicht mehr vorzustellen, wie sittliche Grundsätze unter den Menschen noch bindende Kraft haben sollen, wenn sie nicht bei den Göttern verankert sind.

29 v. u. Z. kehrt Octavian von seinen letzten Schlachten nach Italien zurück. In Atella bei Capua kommt es zu einer Begegnung zwischen ihm und Vergil. Der Dichter liest aus seinen »Georgica«. Der Staatsmann hat ein gutes Gehör für alles, was in dieser Dichtung der römischen Sache dient, die er nun ganz zu der seinen gemacht hat, für die mit mythischer Dekoration ausgestattete Ehrung, die ihm, dem Sieger, widerfährt, der Kenntnisreichtum und Ausgewogenheit bei der Behandlung der Stoffe und für den Wohlklang dieser Verse. Auch er sieht Zusammenhänge zwischen der Anarchie der Bür-

gerkriege und der Relativität der Moral, die sich einstellt, wenn menschliches Gesetz nicht mehr von den Göttern kommt. Aber er ist Sieger geworden, um Gesetzgeber zu werden. Seine Gesetze müssen ohne Götterglauben menschliche Gesetze bleiben, fragwürdiger noch als je: Gesetze, die sich das Volk nicht selber gegeben hat. Die Gesetze kommen von ihm, und des Volkes Teil ist Gehorsam. Er braucht die Götter nicht, wie der Dichter, als Zuflucht seines Gewissens. Er braucht sie als Ergänzung seiner Autorität.

Das wiederum entgeht Vergil, der immer ein Fremdling ist in Rom. So verstehen sich die beiden Männer recht gut. Jeder weicht beim geringsten Anzeichen von Trennendem auf das Verbindende aus. Möglicherweise geht Octavian in diesen Zugeständnissen weiter als Vergil. Aus der Vergangenheit kennt er Beispiele, daß sich das Kräfteverhältnis zwischen dem Dichter und dem Mächtigen umkehrte, sobald es um die Dauer des Ruhmes ging. Möglicherweise vergißt Vergil unter dem Eindruck eines so belesenen, geistig beweglichen Mannes zeitweilig seine Bedenken. Herrliche Erfolge und erhabene Pläne statten den Mittdreißiger, in dessen Hand die Geschicke der Welt geraten sind, mit einem unwiderstehlichen persönlichen Charme aus. Wenn es Wesen gibt, denen die mythischen Götter in irgendeiner Weise entsprechen, so muß dieser Mensch in ihrer Gunst stehen.

5 Die Anregung Octavians, ein Werk zu schaffen, das noch mehr Bezug auf die großen Ereignisse der Zeit hätte, bestimmt die weiteren Pläne Vergils. In der griechischen Literatur stehen zwei Gattungen dafür bereit: das homerische Heldenepos und die Geschichtsschreibung in Prosa. Mit einem Prosawerk über römische Geschichte ist Titus Livius beschäftigt. Ein Meister des Verses, findet er in der lateinischen Literatur eine sonderbare Mischform vor: Darstellungen prosaischer Zeitgeschichte im heroischen Versmaß Homers wie die »Annales« des Ennius und das »Bellum Punicum« des Naevius.

Wenn Octavian annimmt, Vergil werde sich zu solch einer

vordergründigen Sache entschließen und etwa die Taten Caesars und seiner Erben, besonders Octavians, wie die eines Achilles feiern, hat er keinen guten Geschmack. So etwas hätte in den Augen Vergils keinen Stil. Der Dichter pflanzt statt dessen das Geschichtliche in den Mythos, läßt die Geschichte aus der Sage wachsen. So bindet er ihren Ablauf wieder an den verpflichtenden Willen der Götter. Dieses Verfahren verweist ihn auf den Trojaner Aeneas, der nach der Zerstörung seiner Vaterstadt durch die Griechen in langer, hindernisreicher Irrfahrt nach Italien gelangt, gefahrvolle Kämpfe besteht und zum Ahnvater des römischen Volkes wird. Schon Naevius und Ennius kennen diese Sage. Sie eröffnet auch das Geschichtswerk des Livius. Sie knüpft das Römertum an die mythische Welt der Homerischen Epen, ermöglicht jedoch auch die Gestaltung echt römischer Werte. Octavian und seine Taten rücken in die magische Zeitenferne verpflichtender Prophetie. Er wird an zentralen Stellen gefeiert, doch er wartet im Reich noch nicht zum Leben erweckter Schatten, ziert als Kunstschmiedearbeit den Schild des Aeneas. Das Werk käme nicht ins Wanken, nähme man ihn heraus.

So entsteht die »Aeneis«, ein römisches Heldenepos mit dem Doppelgesicht des Janus, das sowohl von der Nachahmung griechischer Heroenpoesie lebt als auch von ureigensten römischen Überlieferungen. Vergil ringt sich nun, nachdem der Staat unsanft und dann wieder besänftigend in sein Leben eingegriffen hat, die Apologie eines Staates ab. Die Frage, wessen Staat das sei, richtet sich, zugespitzt durch die geschichtliche Perspektive, an Octavian, der sich 27 v. u. Z., während Vergil mitten in der Arbeit steckt, zum »Augustus« ernennen läßt. Er trägt den Namen Caesar. Nun ist er auch »der Erhabene«. Er ist »Princeps«, der Erste Bürger, ist »Imperator« des Heeres auf Lebenszeit. Man nennt ihn »Divi filius«, Sohn des Vergöttlichten. Wie sollte nicht auch er ein Gott werden! Als Volkstribun auf Lebenszeit wird er an der Bevormundung des Volkes durch seine Person nie deuteln lassen. Und auch »Pontifex Maximus« wird er, oberster Priester, der weiß, was die Götter von den Römern erwarten.

Hinter dem Retter der Republik baut sich der Monarch auf. Auch Cicero hatte einmal die Republik gerettet und war danach als »Pater Patriae« umjubelt worden, als Vater des Vaterlandes. Diesen Titel kann Octavian natürlich nicht auslassen.

Vergil möchte seinen Römern jene mythologische Identität geben, um die sie die Griechen seit Jahrhunderten beneiden. Er darf damit rechnen, daß seine Zuhörer, mögen sie noch der Republik nachtrauern oder bereits dem Kaiser huldigen, es sehr genießen werden, all das, was sie an der griechischen Dichtung, besonders an den Homerischen Epen, bewundern, nun in ihrer eigenen Sprache, mit ihrer eigenen Geschichte verknüpft wiederzufinden. Italien ist verhältnismäßig arm an Götter- und Heldensagen. Da ein Bedürfnis nach eigenem Schrifttum lange fehlte, ist die Überlieferung lückenhaft und widersprüchlich. Die meisten italischen Götter sind in eine Identität mit der olympischen Götterfamilie gepreßt worden. Seit die italischen Völker eine eigene Überlieferung haben, ist Italien auch von griechischen Einwanderern besiedelt gewesen. Vergil erinnert daran mit der Geschichte des Königs Euander. Herakles ist durch Italien gezogen und hat Spuren seiner Taten hinterlassen. Und außer Aeneas haben noch andere versprengte Trojaner in Italien Königreiche gegründet: Antenor in Ligurien und Acestes auf Sizilien. Damit hat Vergil Geschichtsträchtiges im Mythos aufgespürt. In der Geschichte ist Rom zum Bezwinger Griechenlands geworden: im Mythos werden trojanische Flüchtlinge, von den Griechen Besiegte, zu Ahnherrn der Römer. Eine geschichtliche Tatsache wird zur Vergeltung für mythisches Verschulden. Der Brand von Troja steht auch am Beginn dessen, was Vergil erzählt. Die Katastrophe dieser Stadt rückgängig zu machen, mehr noch: etwas zu erreichen, das sie aufwiegt und ihr einen Sinn gibt, ist das Ziel des Aeneas.

Vergil findet auch formale Entsprechungen zu Homer. Die Irrfahrten des Aeneas ähneln denen des Odysseus. Die Begegnung mit den Cyclopen am Aetna, die Bedrohung durch Scylla und Charybdis sind Schnittpunkte mit der »Odyssee«.

Wie die Heimkehr des Odysseus verzögert wird von Circe, so gerät der Auftrag des Aeneas durch den Aufenthalt bei Dido in Gefahr. Der Weg des Aeneas in die Fremde erhält durch tiefere Schichten des Mythos, die italische Herkunft des trojanischen Ahnherrn Dardanus, wiederum den Charakter einer Heimkehr. Was Aeneas und seinen Gefährten nach der Landung in Italien widerfährt, entspricht Homers »Ilias«: Schlachten werden geschlagen, eine Stadt wird belagert, Helden geraten blutig aneinander und schicken sich gegenseitig in die Unterwelt.

6 Allein schon durch den Stoff wurzelt die »Aeneis« in den archaischen Schichten des Mythos. Völlig neu und geschichtlich bedeutsam ist die »Aeneis« jedoch als Epopöe des Überlebens nach einer unabwendbaren Katastrophe, des Wiederbeginns gegen bedrohliche Widerstände. Aeneas tritt an mit dem Auftrag des Überlebens. Er muß sich für Künftiges bewahren. Er darf sich deshalb in keine sinnlosen Gefechte mehr einlassen. Die austragbaren Kämpfe muß er wählen und die verlorene Sache preisgeben. Flucht vor einer Übermacht, die sich der Tücke bedient hat, ist keine Schande. Aeneas, der den aussichtslosen Kampf ablehnt, ist ein Mann der Vernunft und verkörpert eine höhere Kultur als die Sieger. Sein Ziel ist nicht die individuelle Ankunft wie bei Odysseus, sondern die kollektive eines Volkes. Fortwährend muß er sich auf göttliche Versprechungen berufen und moralische Hypotheken übernehmen, die er nur abtragen kann, wenn er siegt. Er steht bis zuletzt im Schatten des Trojanischen Pferdes, des hölzernen Ungetüms, das Unbesiegbare dennoch niederzwang, ein Symbol getäuschter Wachsamkeit.

Hier gibt Vergil noch einem Rest epikureischen Mißtrauens gegen die Götter Raum: Nur die religiösen Vorurteile der Trojaner erlauben es, daß die List glückt. Das Trojanische Pferd ist auch das vergegenständlichte religiöse Vorurteil, mit dem sich ein Angreifer mitten in die Verschanzung der Verteidiger schleicht, um sie dort, in ihren eigenen »Mauern«, zu vernichten. Laokoons Untergang zeigt die Tragödie dessen, der recht hat gegen den Willen der Götter, der warnt und kein Gehör findet, weil er durch ein Mißgeschick tatsächlich unglaubwürdig wird.

Die kritische Distanz zu den Göttern, die Vergil von Homer trennt, geht noch weiter. Er malt den Mythos in einer bis dahin ungewohnt realistischen Weise aus. Homers stereotype Attribute genügen ihm nicht. Göttliche Gestalten und auch Monstren wie die Cyclopen und Cacus beschreibt er genauer und anschaulicher, als es bis dahin in der antiken Kunst des Wortes üblich war. Aber nicht einmal die Götter können frei entscheiden: Über ihnen waltet das allmächtige, unergründliche Fatum. Auch die Griechen kannten eine Macht, der selbst die Götter unterworfen waren, die Moira. Häufig verstand man unter Moira und Fatum einfach den göttlichen Willen. Aber wenn die Himmlischen so oft und so erbittert einander bekämpfen konnten, daß die Welt auseinanderzubrechen drohte, waren sie nicht Herren ihrer Taten, mußte es eine über ihnen waltende Macht geben, die am Ende doch alles zusammenhielt.

Dieses Fatum hat bei Vergil besonderes Gewicht. Die Götter vermitteln zwischen ihm und den Menschen. Was hat Jupiter davon, daß er die Landung des Aeneas in Italien und seinen Sieg über Turnus betreibt? Zank und Streit mit seiner Gemahlin Juno. Der mächtigste Gott muß Kompromisse mit ihr schließen. Indem Vergil an das Schicksal des Aeneas schlechthin alles knüpft, was fortan mit Italien, mit Rom, mit der ganzen Welt geschieht, indem er es zum Anfang einer Kausalkette erst mythischer, dann aber geschichtlicher Ereignisse macht, verleiht er dem Fatum einen Rang, dem in modernem Denken die historische Determination gleichkäme. Das Fatum. gemeinhin Inbegriff alles Unvorhersehbaren, Zufälligen, »Fatalen«, erhält in der großen römischen Heldenschau des Aeneas den Charakter des Festgelegten, Unentrinnbaren. Es prägt im Gegenwärtigen das Künftige vor und ist die Wurzel aller Ereignisse in Vergangenem. Böte es Spielraum für das selbständige verändernde Handeln des Menchen, so käme es dem schon nahe, was heute Gesetzmäßigkeit heißt.

Dem Menschen Vergils, der sich in seiner Gegenwart als Objekt des Fatums erlebt, werden Vergangenheit und Zukunft gleichermaßen mythische Zeiten. Mythos zeugt Geschichte, Geschichte zeugt Mythos.

Vergil will den Mythos nicht auflösen, sondern umwerten. Die Königin Dido ist keine Zauberin wie Circe, die den Odysseus festhält, sondern ein Weib mit allen Vorzügen der Güte, mit allen Schwächen der Beharrlichkeit. Sie verfolgt keine böse Absicht, sondern sie liebt. Aber ihre Liebe entspringt dem Intrigenspiel zwischen den Göttinnen Juno und Venus. Sie ist glücklich, solange sie dem Fatum gehorcht und Aeneas mit seinem Auftrag schützt: sie wird unglücklich, sobald sie das Fatum behindert. Göttliches Walten schränkt die Verantwortlichkeit der Menschen für ihr Fühlen, Denken und Handeln ein. An Dido entwickelt Vergil eine moralische Partnerschaft zwischen Göttern und Menschen. Er rehabilitiert die Götter zu einer richtenden Instanz über menschliche Machthaber. Vom Verhalten eines Menschen hängt ab, in welche Lage ihn die Götter bringen. Wer sich widersetzt, hat es mit tückischen und grausamen Göttern zu tun. Dido hat ihren Treuschwur für Sychaeus gebrochen. Aeneas erhält das Recht, sie im Stich zu lassen. Das entspricht römischem Rechtsempfinden, das die humanistischen Paradoxien der Bergpredigt Christi noch nicht kennt. Mit ihrem Versagen ermächtigt Dido die Götter, ihr Affekte zu schicken, die sie noch weiter ins Unrecht setzen. Ihr übersteigerter Zorn bringt sie um jeden Anspruch auf Genugtuung. Was sie tut, um ihr Verhängnis aufzuhalten, beschleunigt es: das ist die tragische Ausweglosigkeit eines Menschen, den die Götter verderben müssen – oder der dem Ablauf der Geschichte im Weg steht.

Denn in Didos Tragödie wurzelt für Vergil eine der entscheidenden Etappen römischer Geschichte. Nicht nur, daß ihre Liebe zu Aeneas, wäre sie erfüllt worden, das Werden Roms verhindert hätte: aus der Trennung der Liebenden erwächst die schwerste Bedrohung für den römischen Staat.

Dido ist die Königin Karthagos, eines phönizischen Pflanz-
staates, der sich bald selbständig zur beherrschenden See- und
Handelsmacht des Mittelmeerraumes aufschwingt. Die Uran-
fänge der unversöhnlichen Feindschaft zwischen Rom und
Karthago, die in geschichtlicher Zeit in den drei Punischen
Kriegen ausgetragen wird und zur Vernichtung Karthagos
führt, verlegt Vergil in die mythische Liebesgeschichte zwischen Dido und Aeneas.

7   Die Liebe zwischen Dido und Aeneas verzögert den Ablauf des Fatums, das auf die Gründung Roms und das Wachsen seiner Macht bis zur Herrschaft über alle Völker hin-
steuert. Aber Vergil gestaltet Dido so menschlich und schildert
Keimen und Reifen ihrer Liebe so einfühlsam, daß er das
Herz des Lesers für sie einnimmt und dem weltgeschichtlichen
Auftrag des Aeneas entfremdet. Dido ist das erste Menschen-
opfer, das der Sache Roms dargebracht wird. Soweit Vergil
sich als Zeuge römischer Größe versteht, findet er es gerecht-
fertigt. Der Poet zweifelt. Die Lehren Epikurs, der als Anwalt des Individuums und seiner irdischen Glückseligkeit
dachte und alle staatsrechtlichen Fragen mit Mißtrauen betrachtete, hat er nie ganz vergessen. Vergil schafft ein Heldengedicht über die mythischen Gründe für die Weltherrschaft
Roms, die nun einmal geschichtliche Tatsache geworden ist.
Aber der Held Aeneas entwickelt keinen Sinn für Scham und
Pein eines Weibes, dem er die Ehre genommen hat. Er stünde
als schäbiger Kerl da, glückte ihm nicht die Erfüllung des
göttlichen Auftrages, aus dem er handelt.

Gegen eine dauerhafte Verbindung Didos mit Aeneas
spricht alles, was die zeitgenössische Propaganda Antonius,
dem Gegenspieler Octavians, vorwarf: Trägheit, Unentschlossenheit, Hörigkeit gegenüber der verschwendungssüchtigen
Kleopatra. Julius Caesar hatte sich um der Sache Roms willen
von ihr losgerissen. In Vergils Dichtung ist sein mythisches
Spiegelbild Aeneas. Aber diese schwerste moralische Hypo-
thek, die der Held übernehmen muß, enthält auch eine huma-

nistische Relativierung der historischen Mission Roms. Die Güterabwägung, mit der die ergreifende Liebesgeschichte endet, gerät zu einem strengen, verpflichtenden Appell an Caesars siegreichen Erben: Regiere so, daß die Opfer, die du gefordert hast, nicht sinnlos waren! Schaffst du es nicht, so stehst du vor der Geschichte als Schurke da.

Hinter dieser Verpflichtung baut Vergil die bindenden Werte römischer Tradition auf. Gerade davon möchte Augustus viel hören. Wohlan! Soll er hören, mit wem er sich zu messen hat, welch ein gewaltiges Werk er fortsetzen muß, welch eines tapferen, redlichen, freiheitsliebenden Volkes Geschicke in seinen Händen liegen.

In der »Aeneis« kommen die Griechen, das Volk, dem die Römer überall begegneten, staunend über ihre hohe Kultur, kopfschüttelnd über ihren Mangel an Geradheit und Mut, schlecht weg. Sie haben Troja durch List erobert, sind also den Besiegten an Gesittung unterlegen. Die Trojaner, einstweilen besiegt, tragen jedoch römische Rechtschaffenheit, Frömmigkeit und Tapferkeit schon in sich. Ihre Niederlage war ein Unrecht, für das Jupiter seiner Tochter Venus, der Mutter Aeneas', Vergeltung zusichern muß. Die Überlegenheit der Römer über alle anderen Völker, die ihnen das Recht gibt, sie sich zu unterwerfen, ist ihr ausgeprägter Gerechtigkeitssinn; aber auch größeres Waffengeschick und der Adel ihres Geschlechts wird sie zu Beherrschern des Erdkreises machen. Die gerechte Macht, die wirkliche Überlegenheit in allen menschlichen Dingen, das »imperium«, gilt als rechtliche Grundlage für die Weltherrschaft der Römer: »tu regere imperio populos, Romane, memento!« (VI, 851). Befehlen darf, wer das Richtige, Gerechte befehlen kann, das allen zum Wohl verhilft.

Das sind gewaltige Ansprüche an menschliches Vermögen. Sie zu erfüllen ist keiner in der Lage ohne Hilfe der Götter. Es sind die Ansprüche an die römischen Bürger. Julius Caesar wird als ihr bedeutendster Repräsentant ohne Lobhudelei zweimal erwähnt (I, 286, VI, 789 f.). Der Ermordete, dessen Werk ohne eigene Schuld ein unerfülltes Versprechen bleiben mußte, kann ohne Bedenken auch der Vergöttlichte genannt werden. Er ist der Rechenschaft enthoben. Um so wuchtiger aber trifft Vergils dichterische Forderung nach einem angemessenen, segenbringenden Gebrauch so unumschränkter Macht den Lebenden, den Divi filius: Augustus. Auf dem Schild des Aeneas hat ihn Vulcanus als Sieger der Schlacht von Actium dargestellt (VII, 673 ff.). Er soll Rom und der Welt, die es beherrscht, ein Goldenes Zeitalter des Friedens wiederbringen (VI, 791 ff.). Vergil meint sowohl seine Römer als auch den Kaiser: Wer die Weltherrschaft erlangt hat, trägt auch die Verantwortung für die Welt. Ihm genügt es nicht, daß der Kaiser weiß, was die Götter von den Römern erwarten. Er findet auch wichtig, was die Götter vom Kaiser erwarten. Es kann nicht dem widersprechen, was die Römer vom Kaiser erwarten. So bleibt der Dichter als Partner des Herrschers Anwalt des Volkes. Frieden und Wohlstand sind in der »Aeneis« Bestandteil der elysischen Prophetie des Anchises. Sie bleiben Zukunft und Verpflichtung.

Vergil kommt dem Mann, dessen Machtanspruch er poetisch in gesellschaftliche Verpflichtung verwandelt, ein beträchtliches Stück entgegen. Er unterstützt restaurative Bestrebungen des Augustus, soweit sie dem inneren und äußeren Frieden des Reiches dienen und nach der sittlichen Verwilderung der Bürgerkriegszeit die traditionsreiche Rechtssicherheit wiederherstellen. Der Vergleich der von Neptun zur Ordnung gerufenen Stürme mit einer aufrührerischen Volksmenge (I, 148, ff.) erinnert an die sozialen Kämpfe, an denen der Bürgerkrieg sich entzündete, und die Wirkung des göttlichen Machtwortes gemahnt an einen kaiserlichen Triumphzug. Vergil leistet auch seinen Beitrag zu der Legitimation, die dieser Einzelne braucht, um auf Lebenszeit die Geschicke der Welt in seine Hand zu nehmen: Er stellt Aeneas, einen Einzelnen, an die Spitze der Trojaner und setzt ihn höchster Verantwortung und härtesten Prüfungen aus. Ohnehin waltet, als hätte es nie eine Republik gegeben, in der Hierarchie der olympischen Götterfamilie mit Jupiter an der Spitze das alte monarchische Prinzip. Der Mythos selbst autorisiert autoritäres Regieren.

Vergil geht weiter: Die unwidersprochene Legitimation des antiken Adels war seine leibliche Abkunft von den Göttern. Aeneas ist ein Sohn der Venus und Verwandter Jupiters. Also sind auch die Julier göttlicher Abkunft, Julius Caesar folglich von göttlichem Samen und kaum weniger sein Großneffe und Erbe Augustus. Wer seine Macht aber mit solchem Aufwand rechtfertigt, kämpft gegen schwere Zweifel an ihrer Berechtigung. Vergil ist dieser Argwohn sehr vertraut. Doch sein Held ist Aeneas, der Sohn der Göttin, der alles entscheiden darf und muß, weil er der Klügste, der Stärkste, der Mann mit dem größten Weitblick ist, für den alle dasein müssen, weil er sich um das Wohl aller müht.

Augustus betonte gern das italische Element im Römertum. Vergil ist sich auch darin mit ihm einig. Nachdem vom Atlantik bis zum Kaukasus, von den Alpen bis zum Atlas alle Weltgegenden dem Reich einverleibt worden sind, strömen die Menschen der verschiedensten Völker nach Rom. Als Sklaven bleiben sie von der römischen Gesellschaft isoliert. Aber Sklaven können freigelassen werden oder sich freikaufen. Söldner aus allen Himmelsrichtungen werden als Veteranen mit Land abgefunden und siedeln zwischen italischen Bauern. Gegen ihre neuen Kulte müssen die römischen Götter verteidigt werden. Vergil hebt hervor, daß das Römertum aus einer Verschmelzung der Trojaner mit den ansässigen Stämmen entstand. Juno erwirkt von Jupiter die Gunst, daß das neue Volk die Sprache der Latiner behalte. König Euander, zwar ursprünglich Einwanderer aus Arkadien, tritt als Beispiel römischer Genügsamkeit und Worttreue hervor (VIII, 364 ff.). Turnus und Camilla sind, wenn auch noch Feinde des Aeneas, Urbilder römisch-italischer Verwegenheit. Die Rede des Numanus (IX, 528–620) preist die Härte des italischen Menschenschlages, die zum Erbteil der Römer werden soll. Zu den Etruskern kommt Aeneas als Rechtshelfer gegen Mezzentius (VIII, 470 ff.). So legt er den Grundstein für die künftige Vorherrschaft der Römer in Italien. Denn Mezzentius ist einer der widersetzlichen, grausamen Tyrannen, die zu vernichten der rechtschaffene, fromme Römer ermächtigt wird, um in den befreiten Völkern Bundesgenossen zu finden. Nicht als Räuber, sagt Aeneas (XI, 108 ff.), sondern als Vermittler und Befreier seien die Römer Herren Italiens und der Welt geworden.

So türmt Vergil in seiner Dichtung vor Augustus Vermächtnis über Vermächtnis auf.

8   Die Arbeit wird ihm allmählich sauer. Der spätrömische Autor Macrobius erwähnt einen Brief Vergils an Augustus, in dem sich der Dichter beklagt, er müsse sich in einem Anfall von Wahnsinn befunden haben, als er sich entschloß, die »Aeneis« zu schreiben. Solche Folgen hat er sich nicht träumen lassen, als er das Werk entwarf. Ohnehin arbeitet er langsam und schwerfällig. Bevor er die Verse dichtet, legt er den gesamten Stoff in einer Prosafassung nieder. Die Verse aber fließen ihm durchaus nicht aus der Hand. Er sagt, er gebäre seine Verse »nach Bärenart«. Vormittags schreibt er eine Anzahl Verse herunter, nachmittags feilt er sie aus und verwirft die mißratenen. »Denn wie jenes Tier«, berichtet Gellius, »einen gestalt- und formlosen Wurf hervorbringe, das also Hervorgebrachte nachher aber durch Lecken in Form bringe und bilde, genau ebenso seien auch seines Geistes Neugeburten von rohem und unvollkommenem Aussehen: dann aber gebe er ihnen durch kräftige Behandlung und Pflege Gesicht und Antlitz.«

Vergil wollte im heroischen Versmaß Homers seine geschichtliche Gegenwart an den sittlichen Forderungen des Mythos messen. Aber in den zehn Jahren, die er an der »Aeneis« dichtet, erhellt sich ihm, wie weit die Persönlichkeit des Augustus und seine Politik von den altrömischen Werten abweichen, die der Dichter ihm als Verpflichtung des Mythos auferlegt. Auch muß er einsehen, wie weit sich seine Absichten von den Erwartungen des Augustus entfernen. Immer mahnender meldet sich der Verdacht, was als Verpflichtung gemeint ist, werde als Blankovollmacht entgegengenommen, was als Forderung aufgestellt wird, klinge in den Ohren des Adressaten und der Schranzen, die sich immer dichter um ihn scharen, als Huldigung. Bei Vergil verliert der Olymp an religiösem Ernst. Er wird Zierde und politische Tendenz und verliert eben dadurch die Glaubwürdigkeit, die Augustus erwartet. Er gerät zur augenzwinkernden ästhetischen Draperie. Diese Kunst erweist den Bestrebungen des Augustus, den Glauben an die Götter zu erneuern, gerade deshalb einen schlechten Dienst, weil sie so vollendet ist. Was ein Dichter ohne verbürgte Zeugnisse so anschaulich schildert wie etwa den Schild des Aeneas, kann weder Wirklichkeit sein noch Gegenstand des Glaubens: es ist herrlicher Zierat. Vergil, dem zeitweiligen Schüler Epikurs, kommt es nicht auf die Kultformen der Religion an, sondern auf ihre ästhetischen Wirkungen, die er in seine sittlichen Zwecke einspannen kann.

Die Schwierigkeiten des Götterapparates setzen sich in den Personen fort. Das patriarchalische Fluidum um Aeneas soll republikanische Bedenken gegen Augustus zerstreuen. Aber Aeneas ist kein Charakter. Inmitten einer plastischen, farbenprächtig bewegten Welt steht er wie eine Statue ohne individuelles Gesicht mit den weißen Augen des Marmors. Er muß um jeden Preis fehlerfrei und makellos bleiben. Selbst daß er Dido sitzenläßt, wird ihm als Verdienst angerechnet. Sein Handeln ist völlige Unterordnung unter den göttlichen Auftrag. Wenn seine Erfolge in dem Maße vorbestimmt sind, werden seine wirklichen Verdienste fraglich. Trotz seiner gigantischen Kräfte wirkt er blutarm, trotz seines gewichtigen Auftretens hat er etwas Geisterhaftes. Er scheint selbst schon einer der Schatten, unter denen er in der Heldenschau wandelt. Von Lavinia gar, um die er einen erbitterten Krieg führt, hat man den Eindruck einer Puppe. Die Homerischen Helden haben all ihre schweren menschlichen Schwächen und Untugenden. Außer Helden sind sie auch Mörder, Diebe und Lügner. Das macht sie so lebendig. Vergil gelingen weder wahre Charaktere noch wahrhaftige Götter. Wahr ist nur, was seine Gestalten sagen, was er über sie in Gleichnissen und Bildern sagt.

Vergil entgeht nicht, daß die politischen Pläne des Augustus an unerwarteten Untiefen auflaufen, daß aus den Versprechungen des Siegers allmählich Dogmen werden, weil ihre Verwirklichung ausbleibt. Die Wirtschaft stabilisiert sich, aber nur zum Nutzen weniger. Der innere Friede festigt sich, aber es ist ein stiller Friede, ein trauriger Friede mit Momenten der Friedhofsstille, und wo er laut wird, ist er geschwätzig. Der äußere Friede bleibt verletzlich. Die Pax Augusta ist eine Legende schon für die Zeitgenossen. Die öffentlichen Sitten verfallen weiter, statt sich zu bessern. Denn wo immer weniger Menschen sich an den Geschicken der Gesellschaft und des Staates beteiligen dürfen, überlassen sich immer mehr, besonders wenn sie unvermutet reich geworden sind, dem Müßiggang und der Ausschweifung. Wo die Menschen nicht mehr ihrem Bedürfnis nachgehen können, im Gemeinwesen ein Wort mitzureden, beginnen sie einander zu quälen, zu belügen, zu verfolgen, zu denunzieren, zu erpressen. Unter der Pracht der kaiserlichen Neubauten und im Widerschein der kaiserlichen Herrlichkeit werden die Gesichter immer bösartiger und häßlicher.

Vergil bemüht sich redlich, zu Augustus zu halten. Er bekämpft seinen inneren Zwiespalt und versucht sich die Mißstände zu erklären, und lange heißt ihm erklären: rechtfertigen. Augustus kann für sich noch die Unerfahrenheit einer ganz neuartigen Machtform beanspruchen. Doch Vergils Bereitschaft, zu entschuldigen, ermüdet, wenn er verdrossen die Veränderungen beobachtet, die in der Persönlichkeit des Kaisers vorgehen und sich auf seinen Umgang mit der Macht übertragen. Der mächtigste Mann Roms wird hart, unwirsch, unzugänglich, unduldsam, launisch. Je mehr er zu sagen hat, desto empfindlicher trifft ihn Widerspruch. Seine Politik zieht sich aus der Öffentlichkeit zurück. Auf dem Forum Romanum hört man schon lange keine leidenschaftlich vorgetragenen Alternativen mehr. Augustus zieht es vor, wenn er öffentlich redet, abzulesen. Sogar in Kabinettsgesprächen hält er sich an Schriftliches, berichtet später sein Biograph Sueton. Den leisesten Versuch helfender Kritik wertet er als aufrührerischen Angriff. Ratschläge klingen in seinen Ohren nach Anmaßung.

Sein Kunstsinn blättert ab. Die alte soldatische Vorliebe fürs Würfelspiel und für Boxkämpfe bricht wieder durch. Was unterscheidet ihn eigentlich noch von einem Despoten? Ein peinlicher Vorfall, den Tacitus überliefert, stellt seine Selbstbeherrschung auf eine fast unerträgliche Probe: Als in Rom während einer öffentlichen Gesangsaufführung der Eklogen bemerkt wird, daß der Dichter Vergil selbst anwesend ist, bricht die Menge spontan in Ovationen aus, die an Lautstärke und Dauer den obligatorischen für den Kaiser gleichkommen. Augustus, zunächst begeistert für das Werk Vergils, muß zunehmend freundliche Zufriedenheit heucheln. Seine Person kommt in der »Aeneis« zu selten vor, und er empfindet die Maßstäbe, die ihm dieser Dichter da so wohlgesetzt und noch dazu öffentlich vor die Nase hält, als unangenehm, wenn nicht gar als freche Drohung. Vordergründig schmeichelhafte Verse gewisser Dichterlinge, von denen ihm vielleicht einige gefallen, kompromittieren ihn in den Augen kunstverständiger Freunde wie Maecenas wegen ihres völligen Mangels an kunstlerischem Wert.

Es bleibt ihm nichts übrig, er muß Vergil halten und fördern und die »Aeneis" öffentlich loben. Caligula, schon der zweite seiner Nachfolger, ein brutaler Snob auf dem Kaiserthron, wird Vergil verachten und öffentlich verhöhnen. Auf einer Reise nach Griechenland begleitet Vergil, um sich ein authentisches Bild verschiedener Schauplätze seiner „Aeneis« zu machen, den Hof des Augustus. Er gewinnt letzte Aufschlüsse darüber, daß hinter der kunstverständigen Fassade des Kaisers nichts steckt. In Athen erkrankt der Dichter schwer. Die Lungenblutungen, der Bluthusten, der ihn seit jungen Jahren belästigt, nehmen zu. Aber der Kaiser besteht darauf, daß der Todkranke auf seinem Schiff nach Italien zurückkehrt. Nach der Landung in Brundisium stirbt Vergil am 21. September 19 v. u. Z. Sein Leichnam wird, wie es sein Wille war, nach Neapel übergeführt und dort bestattet.

Vergils letzter Wille ist, daß die »Aeneis« vernichtet werde. Manche Verse sind nur halbfertig, einige haben ihm noch holprig geklungen. Aber es fällt schwer, darin zureichende

Gründe für die Zurücknahme eines so großen Werkes zu sehen. Wir werden nie wissen, was Vergil zu dieser testamentarischen Verfügung bewegt hat. Die philologische Forschung begnügt sich mit dem Hinweis auf Vergils künstlerisches Gewissen und beruft sich dabei auf verhältnismäßig wenige unfertige Verse. Daß aber in diesem künstlerischen Gewissen Augustus, der Anreger dieses Werkes, einen gewichtigen Platz eingenommen haben müsse, setzte der österreichische Romancier Hermann Broch in seinem 1938–1945 geschriebenen Roman »Der Tod des Vergil" voraus. Broch zieht in diesem Werk die Bilanz seiner eigenen dichterischen Existenz. Aktueller Hintergrund seiner Vergil-Deutung ist die Verdüsterung Europas unter der Bedrohung durch autoritäre faschistische Regimes. Aber gerade mit der Rückbesinnung auf Vergil und sein gespanntes Verhältnis zu Augustus gibt er der Problematik einen historischen Rang, der weit über aktuelle Parallelen hinausweist. Aus den Erfahrungen, die Broch selbst als bürgerlicher Schriftsteller mit seiner Klasse und ihrem Verhältnis zur Macht gewonnen hat, bezieht er eine poetisch glaubwürdige Erklärung für die Vorgänge um den sterbenden Vergil: Der Verdacht, daß er die Kraftprobe mit dem Machthaber nicht bestanden habe, wiegt für ihn schwerer als die Genugtuung, daß unter seinen Händen die größte Dichtung lateinischer Sprache entstanden sei. Vergil will dem Kaiser das Werk unter dem Vorwand der Unfertigkeit wegnehmen.

Ungewiß bleibt auch, ob Augustus es selbst war, der sich über den Willen Vergils hinweggesetzt hat. In Brochs Deutung ist dem Kaiser der Wunsch des Dichters, man solle das Manuskript vernichten, sehr peinlich. Er muß das verhaßte Epos retten, um seinen Haß zu verbergen. Alle Welt kennt seine Rolle bei der Entstehung des Werkes. Er sähe sich bloßgestellt, wenn ihm der größte Dichter seiner Zeit sein wichtigstes Werk vorenthielte. Vielleicht konnte er ihm das Manuskript in der Sterbestunde noch abschwatzen. Dann hätte in Vergil über den Kleinmut des Gescheiterten doch die berechtigte Gewißheit gesiegt, daß seine Dichtung den Kaiser und seine fragwürdigen Ansprüche überdauert, daß die Kraftprobe für ihn, den Dichter, nach seinem Tod entschieden werde. Tucca und Varius, Freunde Vergils und geschulte Gelehrte, sichteten die Schriftrollen der »Aeneis« und gaben sie heraus.

Das römische Volk war dem Dichter dankbarer als der Kaiser und manche seiner Nachfolger. Es erkannte in der „Aeneis" sich selbst wieder, seine Mühen und Freuden, seine Tränen und Sehnsüchte, seine Not, seinen Zwiespalt und seine unbeantworteten Fragen an das Dasein. Das Werk wurde zum Nationalepos der Römer, zum Standardwerk öffentlicher und privater Bibliotheken und die wichtigste Schullektüre, an der bereits die Kleinsten das Alphabet lernten.

Nach dem Sieg des Christentums und dem Zusammenbruch des Römischen Reiches hatten die Werke Vergils ein weit günstigeres Schicksal als die meisten anderen Handschriften antiker Autoren. Denn das Christentum faßte eine besondere Vorliebe für Vergil und billigte ihm unter den heidnischen Dichtern bei der Aufbewahrung einen bedeutenden Vorrang zu. Die Kirche wollte in Vergils Dichtungen erkennen, daß er die Geburt Christi vorausgeahnt habe. Die vierte Ekloge Vergils huldigt der bevorstehenden Geburt eines göttlichen Knaben, der zum Retter der Welt heranwachsen werde. Dies auf Octavian zu beziehen hatte die Schwierigkeit, daß er, als Vergil die Ekloge schrieb, längst geboren war. Aber der Dichter artikuliert eine allgemeine Stimmung der Menschen im antiken Mittelmeergebiet, das Bewußtsein einer katastrophalen Gesellschaftskrise, aus dem die Erwartung eines überirdischen Heilsbringers erwuchs.

Diese Erwartung speiste im östlichen Mittelmeergebiet messianische Hoffnungen, wie sie der jüdische Glaube vorbereitet hatte; in Italien wurde sie zum Nährboden des Cäsarismus. Die Weihnachtsgeschichte des Neuen Testaments nennt bei der Geburt Christi den Namen des Kaisers Augustus. Als in Rom ein Mensch zum Gott werden sollte, wurde, so wertete es die Kirche, in Bethlehem Gott Mensch. In Vergils dichterischer Ahnung, wie sie auch Broch in seinem Roman gestaltet, spiegelt sich die historische Koinzidenz wider, in der am Beginn des römischen Kaisertums der Stifter der christlichen Religion auftritt. Das Kaisertum verkörpert den irdischen, diesseitigen Versuch, der Welt das endgültige Heil zu bringen. Dieser Versuch scheiterte, und auch dieses Scheitern ist in Vergils Ahnungen enthalten. Die Enttäuschung darüber, daß die Welt durch all die göttlichen, in Wahrheit oft genug teuflischen Kaiser nicht besser wurde, bereitete den Boden für die christlichen Massenbekehrungen, die schließlich dazu führten, daß die am erbittertsten verfolgte Religion der Antike römische Staatsreligion wurde.

Kaum einem Dichter der Weltliteratur dürfte im Lauf von Jahrhunderten so viel Ruhm zuteil geworden sein wie Vergil. Niemals kam europäische Versdichtung ohne sein Vorbild aus, und kaum ein episches Werk ist ohne den unmittelbaren oder mittelbaren Einfluß seiner Kunst denkbar. Jede Zeit begegnete dem Werk Vergils mit ihrem eigenen Anliegen. Die Frage nach der geschichtlichen Verantwortung der Regierenden, die in diesem Werk immer gegenwärtig ist, bewegt heute, zweitausend Jahre nach dem Tod des Dichters, mehr denn je die Menschen in aller Welt.

Ovid oder Eine Ästhetik der Liebe

1 Ende des Jahres 8 u. Z. reist ein namhafter Dichter überstürzt aus Rom ab. Bald hastig, bald zaudernd verabschiedet
er sich von Freunden, von seiner Frau. Seiner Tochter, die in
Libyen lebt, wird er nur einen Brief schreiben können. In die
Hoffnung, alles beruhe auf einem Irrtum, mischt sich Argwohn, man werde einander nie wiedersehen. Die Reise des
Dichters führt über den frühwinterlichen, auf den Kämmen
schon verschneiten Apennin, über die stürmische Adria, über
die Landenge von Korinth, durch die Inselwelt der Ägäis. Vor
den Dardanellen verläßt er sein Schiff, die »Cassis«, um zu
Fuß durch die Gebirge Thrakiens und die Steppe des östlichen Moesien sein Ziel zu erreichen, die kleine Hafenstadt
Tomi am Pontus Euxinus, wo außer ein paar griechischen
Kaufleuten, deren Vorväter einmal aus Milet ausgewandert
sind, nur seßhaft gewordene Barbaren leben, die sich von
Fischfang und kärglichem Landbau nähren.

Das ist keine Studienreise, wie er sie als junger Mann nach
Athen unternommen hat, um seiner römischen Schulbildung
hinzuzufügen, was die Griechen den Römern auch anderthalb
Jahrhunderte nach ihrer Unterwerfung noch voraushaben. Sondern ein Urteil des Kaisers Augustus schickt den Dichter in
die Verbannung. Der Kaiser hat ein milder klingendes Wort
verwendet, das man mit »Verweisung« übersetzen könnte. Er
hat die Dichtungen des Verwiesenen als sittenlos, also gefährlich bezeichnet und beschlagnahmen lassen. Nur zwei Maßnahmen träfen härter: Einziehung des Vermögens, ein Todesurteil. Der Dichter klammert sich an das mildere Wort. Es
macht ihn glauben, dem Willkürakt folge ein Gnadenakt.

Nicht nur Angst, daß seine Frist verstreiche, treibt ihn zur Eile, sondern auch Hoffnung, Gehorsam werde seine baldige Rückkehr fördern. Angekommen, weiß er noch immer nicht, wie ihm geschieht. Er rechtfertigt sich in Versen, beteuert, er sei zwar nicht unschuldig, doch die Ursache seiner Schuld sei ein Versehen, das ihm als Frevel ausgelegt werde, nennt das Werk, das ihm den Zorn des Herrschers einbrachte, einen Scherz. Eine Revision des Urteils, das weiß er, wäre zuviel verlangt. So bittet er um die Gnade eines milderen Exils, näher an Rom gelegen, in freundlicherem Klima. Die heißen Sommer der Schwarzmeerküste, die heute den Urlauber in die Badeorte nördlich und südlich von Constanţa, dem einstigen Tomi, locken, nimmt er kaum wahr. Er ist in den Fünfzigern und kränkelt. Den unwirtlichen Herbst beklagt er, den »marmornen Frost« des Winters, die Überfälle und Plünderungen, mit denen Barbaren, in Pelze und Hosen gekleidet, ständig die Stadt bedrohen. Geten und Skythen schweifen beutelustig durch die benachbarte Steppe. Nie hat er Kriegsdienst geleistet, dem Krieg ist er ungewogen wie nur einer, und doch muß er, fast schon ein Greis, aufs Pferd und vor die Tore, immer gewärtig, von einem vergifteten Pfeil getroffen oder mit dem Hals in der Schlinge fortgeschleppt zu werden. Er vergleicht sich mit Icarus, der ins Meer stürzte, weil er in unbekümmertem Höhenflug der Sonne zu nahe kam, und Augustus mit der Sonne oder Jupiter. Aber Augustus überhört alle Bitten, so beharrlich und devot sie wiederholt werden, und auch sein Nachfolger Tiberius bleibt taub. Der Dichter vergleicht sich mit Orpheus, dem Sänger, der, nachdem er seine Eurydike endgültig verloren hatte, im benachbarten Thrakien von Mänaden in Stücke gerissen wurde. Die Cäsaren bedeuten ihm durch Schweigen, wie wenig sie mit sich spaßen lassen, und sei es mit einem Lehrgedicht über die Liebe. Mag sein, daß sie mit anderen Dingen beschäftigt sind. Feldzüge in Germanien, Aufstände in Illyrien, Wirtschaftssorgen sind ihnen wichtiger als die Argumente, mit denen sich ein Dichter verteidigt. Eine neue, noch wenig ausgereifte Herrschaftsform hat sich mit einem schleichenden Widerstand im Senat auseinanderzusetzen. Das mildere Wort des Urteilsspruchs erweist sich als wertlose Floskel. Der römische Dichter Publius Ovidius Naso wird zehn Jahre in der Verbannung zubringen und dort sterben, ohne Rom, seine Frau, seine Tochter, seine echten und falschen Freunde je wiederzusehen.

2   Am wenigsten begreift Ovid, warum man ihn wie einen Staatsfeind behandelt. Sorgsam hat er es vermieden, in seinen Gedichten dem Ersten Bürger, dem Imperator Augustus unbequem zu werden. Als er siebzehn Jahre alt war, entspann sich um den Lyriker Cornelius Gallus (69–26 v. u. Z.) eine abschreckende Affäre. Der vielseitige, unternehmungslustige Mann war nicht nur Dichter, sondern auch Feldherr und Diplomat gewesen und in den Freundeskreis des Augustus aufgenommen worden. Gern half er anderen Dichtern. Vergil verdankte es wahrscheinlich ihm, daß er für die Beschlagnahmung seines väterlichen Besitzes entschädigt wurde. Seine eigenen Verse hatten vermutlich noch die Angriffslust Catulls, der sich nie etwas daraus gemacht hatte, wenn er einen Mann von Einfluß bloßstellte. Aber das Amt eines Präfekten der Getreideprovinz Ägypten, eine hohe Vertrauensstellung, stieg ihm zu Kopfe. Etwas zu vorlaut nahm er den Kaiser, wenn er vorgab, er wolle dem römischen Staat seinen republikanischen Charakter bewahren, beim Wort. Er wurde abberufen, enteignet, verboten, verbannt, in den Selbstmord getrieben. Von seinem Werk ist nur ein einziger Vers überliefert.

Fortan gaben die Dichter acht, den Kaiser nicht zu stören. Vordergründige Huldigungen versagte man sich, so gut es ging. Wer auf sich hielt, überließ es Dilettanten, damit zu glänzen, bis man sie vergaß. Horaz (65–8 v. u. Z.), als Sohn eines Freigelassenen mit einem Standesvorurteil behaftet, kämpfte unter dem Caesarmörder Brutus bei Philippi (42 v. u. Z.), flüchtete und suchte nach einer Amnestie in mühseliger Beamtenlaufbahn seinen politischen Irrtum wettzumachen. Er schulte sich an dem älteren Vergil, ließ sich von ihm fördern. In Epoden und Satiren spottete er über allgemein menschliche

Schwächen. Seine Oden verklärten die Freuden des Daseins, Liebe und Freundschaft, Geselligkeit und Bildung. In den Römeroden stellte er sie unter den Schutz der kaiserlichen Befriedungspolitik. Den Sieg Octavians über Antonius und Kleopatra bei Actium (31 v. u. Z.) pries er gebührend. Aber die Tugenden der Römer rühmte er häufiger und herzlicher als die Verdienste des Kaisers. Vergil (70–19 v. u. Z.) schrieb Hirtengedichte, ländliche Idyllen und ein Lehrgedicht über den Landbau, ehe er auf eine Anregung des Augustus einging und den Taten des Aeneas, des Ahnherrn der Römer, ein Versepos widmete. Wenn der Kaiser Lobpreisungen seines Hauses erwartete, sah er sich getäuscht. Aus den Händen des sterbenden Dichters empfing er ein Vermächtnis voller Verpflichtungen. Ovid bezeugt in seinen „Tristien" (II, 533 f.) eine Vorliebe der Römer für die ersten vier Bücher der »Aeneis«. Die Flucht Überlebender aus dem brennenden Troja, ihre Irrfahrten und die Liebesgeschichte zwischen Aeneas und Dido rührten sie mehr als das Schlachtengetümmel auf italischem Boden. Der göttliche Auftrag, mit dem der Held seinen Treubruch rechtfertigen darf, wirkte schon damals fadenscheinig, und wer wollte, betrachtete Augustus, wenn er sich in seiner Härte auf die Götter berief, mit derselben Skepsis.

Aber die Zeichen der Zeit standen auf Versöhnung und Frieden. Die »concordia ordinum«, die Eintracht der Stände, sollte wiederhergestellt werden. Wer den Zusammenbruch der Republik und die Schrecken der Bürgerkriege gesehen hatte, wer noch im Geist der Adelsrepublik erzogen worden war, sollte sich mit den Vorzügen eines edlen Herrschers anfreunden, der, so monarchisch er waltete, unermüdlich behauptete, er hätte die Republik gerettet. Eine Versöhnung der Künstler mit Augustus betrieb vor allem Gajus Cilnius Maecenas (gest. 8 v. u. Z.), Berater, Vertrauter, Freund des Kaisers. Er war geübt, auf diplomatischem Weg zu schlichten, was mit Waffen nicht entschieden werden konnte. Überdruß an den Greueln der Bürgerkriege kam ihm entgegen. Doch damit erreichte er allenfalls politischen Quietismus. Die Bestätigung, er habe Schlimmeres verhütet, war Augustus gewiß nicht loyal genug.

Er wollte als Beförderer des Besseren dastehen. Dazu hatte er fast allein die Staatsgewalt in die Hände genommen. Seine Erhabenheit befähigte ihn, der Gesellschaft seinen Willen aufzuzwingen. Sie schützte ihn, aber sie schuf in seiner Umgebung auch eine Leere, die es ihm schwer machte, Helfer zu finden. Viele entzogen sich ihm, andere fürchteten, es ihm nicht recht zu machen oder zu versagen. Noch war man zuwenig gewohnt, sein Amt der Gnade eines Herrschers zu verdanken und nur ihm gefallen zu müssen.

Eine große Verlockung lag darin, sich auf stillschweigende Duldung der neuen Macht zurückzuziehen und die Früchte eines wachsenden Wohlstandes zu genießen. Vor allem Adel und Ritterstand entfalteten ein reiches Privatleben. Der Luxus verfeinerte sich, das Gebot, seine Worte zu wägen, machte den Geist raffinierter, die Kunst wurde subtiler. Mit Politik befaßte man sich möglichst wortkarg und nur, soweit es die Geschäfte unumgänglich machten. Die mokante Anspielung kultivierte sich. Das gesellige Leben vornehmer Häuser, die neuen Bibliotheken, Lehranstalten und Thermalbäder standen dem militärischen und religiösen Gepränge der öffentlichen Plätze und Tempelbezirke fremd gegenüber. Weder auf der einen noch auf der anderen Seite konnte Betriebsamkeit darüber hinwegtäuschen, daß die Gesellschaft verödete. Pedantisch betrieb der Kaiser eine Erneuerung der alten Götterkulte. Sie mußte gerade auf die Begüterten und Gebildeten so archaisch wirken wie das blutrünstige Vorgehen der Erben Caesars während der Bürgerkriege, als auch Ciceros Kopf auf einer Stange zur Schau gestellt worden war. Mancher mochte mit religiösem Mummenschanz bemänteln, wie er sich bereicherte. Auch der Kaiser hatte nicht etwa zu althergebrachter Frömmigkeit gefunden, sondern er beschwor die Autorität der Götter für seine neuen Gesetze, die das Bestehende befestigen sollten und seine Macht schützten. Von einem im Volk wiederbelebten Götterglauben versprach er sich Ehrfurcht vor dem vergöttlichten Julius Caesar, die sich auch auf ihn, seinen Erben, erstreckte. Hatte er die Menge überzeugt, daß er bei seinem Tod in den Kreis der Götter aufgenommen werde, so gehorchte sie ihm schon zu Lebzeiten wie einem Gott.

Still verhielten sich Dichter wie Vergil und Horaz auch, weil sie dem Kaiser nicht bündig hätten sagen können, wie er es anders machen sollte. An den Grundfesten der antiken Gesellschaft zu rütteln, etwa die Sklaverei in Frage zu stellen, kam ihnen nie in den Sinn. Ihr Gewissen begnügte sich damit, zu bestätigen, was sie guthießen, zu schweigen, wo sie ablehnten. So würde vielleicht das Neue seine Vorzüge entfalten, und sie selbst erhielten sich die Möglichkeit, zu wirken. Ihre Kunst schien ihnen wichtiger als ihre ohnehin nicht ernsthaft gefragte politische Meinung.

Da machen jüngere Dichter von sich reden. Auf einmal sind es Elegiker, deren Dichtungen das Publikum begeistern, und herausfordernd einseitig behandeln sie die Liebe. Gebildete Müßiggänger feiern ihr Innenleben und finden Beifall bei ihresgleichen. Wie zuvor die Neoteriker, allen voran Catull, finden sie Euphorie und Resignation fast nur noch in Liebeserlebnissen, doch auf politische Epigramme, wie Catull sie noch schrieb, verzichten sie. Tibull (um 54–19) rafft sich, angeregt durch Messalla Corvinus, der, ähnlich Maecenas, dem Kaiser nahesteht, zu einer kleinen Huldigung an Augustus auf. Aber in seiner Sammlung sensibler Liebesverse wirkt sie fremd und läßt um so deutlicher spüren, daß politische Themen fehlen. Besonders bei Properz (um 49–15) gerät der Mann auffallend in die Rolle des Schmachtenden. Gemessen an der öffentlich aufgeputzten römischen Mannhaftigkeit wirkt das weichlich, feminin, morbid. Außerdem stirbt man früh. Warum sind diese Dichter, nachdem es mit Rom wieder aufwärts gegangen ist, nicht lustiger? Warum zeigen sie sich nicht dankbarer für den Wohlstand, den ihnen der Kaiser ermöglicht? Warum entwickeln sie keinen Stolz auf Roms neue Größe? Verbergen sie ihre unverbesserliche Überheblichkeit etwa nur geschickter als Gallus?

Ovid, mit ihnen bekannt, aber der Jüngste und vielseitiger begabt, sieht den Konflikt bald am klarsten, wird in einer Zeit reif, als Augustus, mißmutig über Fehlschläge seiner Politik, mit Empfindlichkeit beobachtet, wie beharrlich sich die Dichtkunst seinen Bestrebungen entzieht.

3 Wie Catull, Vergil, Horaz, Properz ist Ovid kein gebürtiger Stadtrömer. Am 20. März 43 v. u. Z. wird er in Sulmo, heute Sulmona, in den Abruzzen östlich von Rom geboren. Seine Familie gehört zum Ritterstand, der, seit Söldnerlegionen das Kriegshandwerk besorgen, seine ursprüngliche Aufgabe als sich selbst finanzierende berittene Miliztruppe nur noch symbolisch zur Schau trägt und sich, ein begüterter Mittelstand, zwischen den Senatsadel und die plebejischen Schichten gelegt hat. Der Titel, kenntlich an einem goldenen Ring, kann ererbt oder erworben werden, setzt aber zu Ovids Zeit ein Mindestvermögen von vierhunderttausend Sesterzen voraus. Augustus überprüft seine Reihen, verstößt Unwürdige, ernennt neue Ritter, öffnet jungen Männern aus Ritterfamilien den Weg in den Senat, dessen Reihen der Bürgerkrieg gelichtet hat, und hofft auf ihre Treue. Unbeanstandet besteht Ovid alle Kontrollparaden, die der Kaiser vornimmt. Senator wird er nicht. Auch in den Reihen des Ritterstandes klaffen Lücken. Neureiche füllen ihn auf, werden reicher, gelangen in den Senat. Die alten und ältesten Familien beider Stände sehen mit Verachtung, wie sich Grobiane breitmachen, die in den Kriegswirren mit Blutdurst und Speichelleckerei zu Vermögen gekommen sind. Mörder nehmen nicht selten die Plätze ihrer Opfer ein.

Bei Ovids Geburt liegt der Mord an Caesar ein Jahr zurück. In der Schlacht bei Mutina fallen beide Konsuln. Die Adelsrepublik ist ebenso ausgeblutet wie der Diktator. Der Vater schickt Ovid und seinen älteren Bruder nach Rom, damit sie Dinge lernen, die man für eine Ämterlaufbahn braucht, vor allem Beredsamkeit und Rechtskunde. Er hofft, daß ihnen die neuen Aufstiegsmöglichkeiten, die Augustus Rittersöhnen einräumt, zugute kommen. Die wichtigsten Ämter der Republik nimmt Augustus auf Lebenszeit in die Hand, um sich die Alleinherrschaft zu sichern. Er ist Volkstribun und behält das Imperium über die Truppen. Um dem Verdacht zu begegnen, er stelle die Monarchie der Könige wieder her, nennt er sich bescheiden »Princeps«: Erster Bürger. 27 v. u. Z. verleiht der Senat ihm den Ehrennamen »Augustus«: der Erhabene. »Pater Patriae« läßt er sich nennen: Vater des Vaterlandes. Bald wird er auch »Pontifex Maximus«, Oberpriester.

Der Sohn eines römischen Ritters studiert aber nicht die Rechte, die noch von republikanischem Denken geprägt sind, um Winkeladvokat oder Lakai des Kaisers zu werden. Die rhetorischen Übungen langweilen ihn. Darf er ein Thema selbst wählen, deklamiert er, wie der ältere Seneca berichtet, mit Vorliebe über seelische Konflikte, verfolgt sie mit viel Phantasie bis ins Abstruse und ist meist dem Verhältnis von Liebe und Gegenliebe auf der Spur. Da nur fiktive Fälle zugelassen sind und die wirkliche Legislative nicht berührt werden darf, muß der praktische Rechtssinn verkrüppeln, während eine dichterische Begabung den Redefluß ausufern läßt. Eine Studienreise nach Griechenland und Kleinasien regt den Kunstsinn des jungen Mannes weiter an, bis sich seine Berufung Bahn bricht, schicksalhaft, wie es später der Verbannte bekennt: Was er schreibt, gerät ihm zum Vers. Der Vater warnt vor brotloser Kunst, der Sohn heuchelt noch eine Weile Fleiß, hofft, der Bruder werde die Erwartungen der Eltern für ihn miterfüllen. Doch der stirbt. Da ist schon alles entschieden. Ovid sitzt unter den Zuhörern, wenn Vergil vorträgt, lernt Horaz kennen, pflegt freundschaftlichen Umgang mit Tibull, schließt sich Gleichaltrigen an, deren Namen wir nur durch ihn kennen: Ponticus, Bassus. Das elegische Distichon gehorcht ihm besser als der epische Hexameter, und sein Thema ist die Liebe. In der Verbannung wird er ebenso selbstbewußt wie bescheiden der Frage nachgehen, weshalb er nicht dem hehren Hexameter Homers und Vergils gefolgt ist: Um Augustus damit zu verherrlichen, sei sein Talent zu klein gewesen. Ein Versuch sei kläglich gescheitert; er habe wie Hohn geklungen. Sein Stilempfinden sagt ihm, daß die Wahl des Versmaßes keine allein formale Entscheidung ist. Er weiß, welche Wertschätzung der durchgehende Hexameter in Kreisen genießt, die Augustus nahestehen. So entschuldigt er sich, auf den Pentameter, den zweiten Vers des Distichons verweisend, dafür, daß er der »hinkenden Muse«, der Muse mit einem verkürzten Bein, verfallen ist.

4 Ovid ist kein schlechter Schüler. Der Kenntnisreichtum seiner Werke erweist es. Lange ringt er mit der stärkeren Begabung, um die elterlichen Hoffnungen, die nun allein auf ihm lasten, nicht zu enttäuschen. Er schreibt die »Amores«, fünf Bücher Liebeselegien, die er später auf drei zusammendrängt. Sie machen ihn auf einen Schlag berühmt. Wenn er durch Rom geht, zeigen ihn die Leute einander. Querelen, mit denen er sich als Schiedsmann in Privatklagen herumschlagen muß, stehlen ihm nur die Zeit. Die Aufsicht über die Gefängnisse, die er sich mit zwei Kollegen teilt, ist auch kein Amt, von dem die Trennung schwerfällt. Ovid zerreißt, ermutigt durch den Erfolg der »Amores«, alle Fäden, die ihn an den Brotberuf binden, und lebt allein seiner Dichtung. Redlich bemüht, ein gehorsamer Sohn zu bleiben, hat er sich früh mit einer Frau verheiraten lassen. Die Ehe enttäuscht ihn und wird geschieden. In seinen Versen spielt die eheliche Liebe fortan keine Rolle.

Den Ruhm verdankt er vor allem auch der Gunst, die das römische Publikum der ganzen Gattung schenkt. In einem Nachruf an den früh verstorbenen Tibull bekennt sich Ovid zur elegischen Liebesdichtung. Aber er unterscheidet sich von seinen Vorgängern durch einen männlicheren, galanteren Tonfall, der sich mit römischer »virtus« besser verträgt. Er schmachtet mit, doch im Jähzorn zerrt er die Geliebte auch an den Haaren. Die Treue, die er seiner Corinna gelobt, ist vergessen, sobald ihn die Liebesgaben ihrer Zofe verlocken. Ob Treue die Echtheit eines Gefühls bezeuge, scheint ihm zweifelhaft. Die Entscheidung der Geliebten über die uneheliche Leibesfrucht hat für ihn mehr Gewicht, und es empört ihn, wenn sie eine Abtreibung vorbereitet. Wo die Liebenden in nichts aufeinander angewiesen sind und nur die Erwiderung ihres Gefühls begehren, haben Treuegelöbnisse keinen Wert. Sie bieten keine Gewähr für den Fortbestand der Liebe. Wer fortwill, den hat man schon verloren. Die Liebe, der Ovid huldigt, ist eine Welt, in der nichts fehlt, auch wenn die Ehe darin nicht vorkommt. Der Argwohn einer Öffentlichkeit, die auf Sittenstrenge bedacht ist und in der Ehe einen Schutz der bestehenden Güterverteilung sieht, kann nicht ausbleiben. In der Verbannung verwahrt sich Ovid gegen Saubermänner, die aus seiner Liebesdichtung auf einen sittenlosen Lebenswandel geschlossen haben. Gewiß verteidigt er sich zu Recht. Nicht alle Liebesabenteuer sind selbst erlebt. Er ist einer Zeitströmung gefolgt und hat darin rasch eine eigene Handschrift entwickelt. Catulls Gedichte glichen mitunter noch einem erotischen Tagebuch. Ovid fügt den eigenen Erfahrungen modisches Bildungsgut hinzu und breitet mit rhetorischem Geschick und juristischem Scharfblick seine enzyklopädischen Kenntnisse der Mythologie aus.

Seelenkenner in Fragen der Liebe bleibt er auch, wenn er die »Heroides« schreibt, fiktive Briefe berühmter Frauen der antiken Sagenwelt an ihre Liebhaber und Gatten, wie vermutlich auch in seiner einzigen Tragödie »Medea«, die, zu seiner Zeit sehr geschätzt, für uns verloren ist. Die rhetorische Schule, der er zunächst bedenkenlos davonläuft, hinterläßt ihre Spuren in seinen Versen. Die römische Tragödie nährt sich schon immer von forensischer Beredsamkeit, und die neun Tragödien des jüngeren Seneca zeigen, daß der urwüchsige römische Redetrieb, der in der Kaiserzeit sein politisches Wirkungsfeld verliert, in den Rhetorenschulen auf die Dichtung überspringt. Die Rhetorik sieht den tragischen Konflikt zugespitzt als Rechtsfall. Auch die »Heroides« mit ihrer Freude am Erfinden und ihrer subtilen Seelenkenntnis wurzeln in den Kontroversen der Rhetorenschulen. Es geht um Recht oder Unrecht unter Liebesleuten. Exemplarische Liebesgeschichten des Mythos werden als »Rechtsfälle« des Gefühls behandelt. Der rhetorische Ton wird ihm auch den Weg zum Lehrgedicht weisen.

Vermutlich ist er inzwischen wieder verheiratet. Im wirklichen Leben verlangt das einfach der Ordnungssinn. Warum auch diese Ehe, aus der wohl seine Tochter stammt, nur kurz währt, erfahren wir nicht. Als Oberhaupt einer kleinen Familie bemüht er sich, zu schreiben, was keinen Anstoß erregt, vielleicht auch, was verlangt wird. Aber mit solchen Bemühungen bewegt er sich, der mißglückte Versuch mit einem Heldengedicht auf Augustus erweist es, hart am Rande der Parodie. Bereitschaft zur Anpassung ist da. Die Begabung des Dichters will es anders.

5 Früher, anhaltender Ruhm unter den Wohlhabenden Roms, die sich Staatsgeschäften fernhalten oder von ihnen nicht ausgelastet sind, fordert von Ovid neue Verse über die Liebe. Man drängt ihn, weniger zu historisieren, mehr über die Gegenwart zu sagen. Das kurze Lehrgedicht »Über die Pflege des weiblichen Gesichts«, von dem ein Bruchstück überliefert ist, mag eine Gelegenheitsarbeit sein, mit der er den Kreisen entgegenkommt, in denen er verkehrt. Eine verspielte Darstellung, wie man durch Körperpflege und maßvolle Schminke seine äußere Erscheinung anziehender macht, findet Beifall, wo man eine luxuriöse, ständig von Langerweile belagerte Geselligkeit mit erotischen Abenteuern würzt. Von vorangegangener Lehrdichtung hebt Ovid sich ab, indem er am elegischen Distichon festhält. Damit bekundet er auch, daß er an seinem Gegenstand, der Liebe, festhalten wird. Auf die Moral der Liebe, die dem Kaiser bei der Wiederherstellung der Sitten wichtig ist, braucht er, wenn er von Kosmetik spricht, noch nicht zu achten. Aber der Dichter tastet sich an Bedeutendes heran: Der »cultus« des Sinnlichen wird zu einer Vorbedingung der Liebeserfüllung, die Liebe selbst erscheint als ästhetische Frage.

Nach diesem Vorspiel legt Ovid sein bekanntestes Werk vor: Im Jahr 1 v. u. Z. erscheint seine »Ars amatoria«, ein Lehrgedicht in drei Büchern über die »Liebeskunst«.

Das Lehrgedicht hat zu dieser Zeit bereits eine jahrhundertelange wechselvolle Geschichte. In seiner »Theogonie« hatte der Grieche Hesiod um 700 v. u. Z. die Genealogie der

Götter dargestellt, in seinen »Werken und Tagen« den Landbau. Im 3. Jahrhundert v. u. Z. faßte Arat das sternkundliche Wissen seiner Zeit in Versen zusammen. Auch die Geschichtsschreibung sah, den Heldenepen Homers folgend, lange geringschätzig auf die Prosa herab und frönte dem Ehrgeiz, ihren Stoff in Versen abzuhandeln. Es gab Lehrgedichte über Vögel, über Gifte und Gegengifte und andere heilkundliche Fragen. Die Gattung drohte auszutrocknen oder zur Spielerei zu verkommen, als auch das Würfelspiel oder die Bewirtung von Gästen zum Gegenstand lehrhafter Verse wurden. Aber sie behauptete sich gegen Mißbrauch. Eine Generation vor Ovid hat Lukrez in seinem naturgeschichtlich-philosophischen Lehrgedicht »De rerum natura« den Atomismus Epikurs in meisterhaften Hexametern ausgebreitet, und mit den »Georgica« über Ackerbau und Viehzucht steht Vergil in der Nähe. Die »Ars poetica«, das Lehrgedicht über die Dichtkunst, das Horaz seinen Episteln anfügte, hört Ovid vielleicht noch aus dem Mund des Dichters.

Unerhört ist der Stoff. Schon bei der Abfassung der »Heroides« muß Ovid gegen eine trockene Sprödigkeit der überkommenen Briefform angekämpft haben. Ohne ein schalkhaftes Spiel mit ihr ließ sie sich nicht gebrauchen. Das Spiel gelingt, weil es um Liebe geht. Die Liebe, fraglos das wichtigste Thema aller Dichtung, erlaubt es, verschmitzt in jede Rolle zu schlüpfen. Sie mag unter allen Gegenständen der am wenigsten lehrbare sein – es macht Effekt, die Robe des Lehrmeisters anzulegen, wenn man von ihr erzählt. Jeder wünscht sich Erfolg in der Liebe, kaum einer fühlt sich seiner Sache sicher; je heftiger sie einen packt, desto unbeholfener kommt man sich vor. Da nimmt man gern Rat an, auch wenn man zweifelt, ob Liebenden zu raten sei. Gibt sich der Rat als Scherz, lockert er wenigstens auf und macht findig. In der Verbannung wird Ovid nicht müde, sich zu rechtfertigen, alles sei scherzhaft gemeint. Schon im Versmaß geht er andere Wege als die Vorbilder. Der durchgehende Hexameter wäre zu steif. Ovid bleibt dem elegischen Distichon treu, das im Wechsel von Hexameter und Pentameter plaudern kann und epigrammatisch zitierbare Sentenzen entstehen läßt, ohne sich festzulegen, wie ernst sie gemeint sind.

Der lateinische Titel ist eindeutig, aber nicht leicht zu übersetzen. »Ars amatoria« bedeutet eine beherrschte »Kunst«, eine »Kunstfertigkeit« in der Liebe, die Achtung und Kenntnis des Gefühls mit einer geschickten, maßvollen »Technik« der Zärtlichkeit verbindet. Ihre Raffinesse erlaubt keine Wonne auf Kosten des andern. Perverses kommt nicht vor, denn es verstößt grob gegen die »ars«. Nur ein geringer Teil der über 2 300 Verse widmet sich dem Vollzug der körperlichen Liebe. Ovid schöpft überwiegend aus seiner tiefen Seelenkenntnis, und selbst seine praktischen Ratschläge für den Beischlaf (II, 717 ff., III, 771 ff.) haben ihre Seelenhintergründe. Verfeinerte Menschenkenntnis, jeder gutmütigen Täuschung abhold, aber auch ohne misanthropischen Beigeschmack, nimmt Einblick in die innersten Antriebe menschlichen Fühlens und Handelns, entwickelt Ehrfurcht vor dem Natürlichen und Kreatürlichen, macht einsichtig, daß keiner sich den Forderungen des Fleisches widersetzt, ohne Schaden an Leib und Seele zu nehmen, daß Verbot und Entsagung, aus welchen Gründen sie auch kommen, das Wesen eines Menschen nicht bessern, sondern, sobald sie elementare Lebensäußerungen antasten, nur verbilden und verkrüppeln können.

In zwei Büchern plaudert Ovid über Gelegenheiten, wie man sich kennenlernt und Gegenliebe weckt, sobald die Liebe keimt, Strategien der Eroberung und alles, was den Mann ans Ziel seines Liebesbegehrens bringt, im dritten Buch wendet er sich ganz der Frau zu. Ovid spricht als Mann und behält den Männern die Hauptrolle vor. Die Römerin seiner Zeit hat mehr Rechte als die Griechin, und ihr Selbstbewußtsein ist stärker ausgeprägt als zuvor, aber an eine Gleichstellung der Geschlechter ist nicht zu denken. Üblicherweise sieht der Mann in der Frau ein Objekt seines Liebesgenusses. Ovid widerspricht dieser Haltung nirgends ausdrücklich. Fast unmerklich löst er sie auf, indem er zeigt, wie hinderlich sie dem verfeinerten Liebesgenuß wird, welche Wonnen sie den Beteiligten vorenthält. Er ist durch die Schule elegischer Liebesdichtung gegangen, hat bei den Neoterikern und Catull, bei Properz und Tibull gelernt, unglückliche Liebe beim Mann mit Freimut zu betrachten. In die patriarchalische Auffassung der Geschlechterrollen ist die angebetete Geliebte als Herrin und Gebieterin eingebrochen. Wenigstens in der Dichtung hat der Mann gelernt, an seiner Liebe auch zu leiden, und weiß, wie weh es tut, verschmäht, mißbraucht, verstoßen zu werden. Nun versteht er auch, wie stark das Gefühl der Frau ein Liebesverhältnis mitgestaltet, welches Verlangen sie spürt, welche Wonnen sie sucht, was sie verletzt. Wenn Ovid die besten Gelegenheiten nennt, ein Mädchen zu finden, und die günstigsten Wege einer Annäherung weist, achtet er mit klugem Zartgefühl die Würde der Frauen. Zartfühlende Achtung begünstigt die Werbung. Wer Liebe wecken will, muß liebenswürdig sein. Heuchelei führt nur zu scheinbaren und flüchtigen Erfolgen. Wie in den »Heroides« sieht der Dichter die Liebe als den Rechtsfall, in dem die Gegenliebe den Ausschlag gibt. Ohne sie verliert sich das Liebesbegehren, oder es führt zu Gewaltakten, denen der wahre Genuß des Begehrten doch versagt bleibt. Wer sich nimmt, was nur ihm beliebt, betrügt sich selbst. Erst wenn die Frau kein willenloses Werkzeug mehr ist, kann der Dichter den Mann zum Werben ermutigen; erst wenn er sie als fühlendes Wesen betrachtet, beschämt er sie nicht, indem er behauptet, das Werben des Mannes finde immer Gefallen, auch wenn es erfolglos scheine; erst wenn der Dichter zeigt, wie das liebenswerte Verhalten des Werbenden Liebe weckt, kann er glaubhaft versichern, daß im Grunde alle Frauen zu haben sind. Als oberstes Gesetz des Lehrmeisters gilt, daß beide Liebende die höchsten Wonnen erreichen. Nur wer es einhält, schreitet den Weg von der Werbung bis zur Erfüllung aus, und kein Begehren findet Genuß, ohne daß ihm ein ähnliches Gefühl entgegenkommt.

Wer dies begreift, beurteilt die Vorzüge äußerlicher Schönheit maßvoll. Sie sind wichtig, und man soll seine Wahl unbedingt bei Tageslicht treffen, aber nie vergessen, wie vergänglich sie sind. Wünscht man seiner Liebe Dauer, muß man die Reize des Mädchens durchschauen und seinen Charakter erkunden: Kosmetik ist notwendig, für ihn wie für sie, eine günstige Frisur verschafft Vorteile, und Geschenke sind unerläßlich. Aber der Liebende will damit weniger bestechen als zum Gelingen des gemeinsamen Liebeswerkes beitragen, dessen Ursinn neben der Zeugung auch das tief menschenfreundliche Verlangen ist, einander Vergnügen zu bereiten. Hat die Natur an den Gehorsam gegen ihre Forderungen den Genuß geknüpft, so gehorcht man ihr freudiger, wenn man verfeinert genießt. Vor Liebesbriefen wird gewarnt. Zu leicht geraten sie läppisch, aufdringlich, unwahr und erzeugen Befremden, wo sie Vertrauen schaffen wollten. Wo keine andere Verbindung möglich ist, kann man sich damit behelfen, aber jeder Ersatz kann gefährlich werden. Natürliches Schamgefühl rät der Liebe, sich verborgen zu halten. Das ist zunächst einmal weise, rät doch Epikur, zu dem Ovid durch seinen Lieblingsdichter Lukrez ein gutes Verhältnis hat, überhaupt im Verborgenen zu leben. Das bietet Schutz vor dem Zugriff anderer. Die Liebe jedoch, die ihre eigenen Gesetze mehr achtet als die einer öffentlichen Moral, in der Gefühl vor Besitz geht, hat nicht nur die Scham zu wahren, sondern sich auch vor Beschämung zu hüten. Die Scham gehört zur Liebe wie der Schatten zum Sonnenstrahl, weil sich der Mensch gerade im sinnlichen Liebesgenuß elementar selbst entäußert. Es zu können ist sein höchstes Gut. Desto weniger darf es den Blicken und Zungen anderer preisgegeben werden. Der Liebende selbst stößt auf die Scham des geliebten Menschen, wenn er zuwenig Gegenliebe geweckt hat. Sie schützt den Körper davor, daß sich ein Unwillkommener seiner bemächtigt. Vergeistigt sie sich, hilft sie dem Geist, sich seine Freiheit zu erhalten. Ovid zerschlägt manches Tabu, aber die Scham bleibt ihm Prüfstein menschlicher Würde, gerade weil eine Gesellschaft der Tabus so oft jede Würde verletzt. Wägt er Makel und Vorzug in der Liebe des Jüngeren zur reiferen Frau gegeneinander ab, verliert er kein Wort über materielle Vorteile, sondern es zählt die Erfahrung, und nur der Liebesgenuß, der beiden erreichbar wird, entscheidet, was zweckmäßig ist. Vor Betrügern werden die Frauen nachdrücklich gewarnt. Rät Ovid ihnen,

Werbungen zurückhaltend aufzunehmen, wendet er sich nicht an die Berechnenden, die sich zieren müssen, um eine gute Partie zu machen, sondern es geht ihm um die Würze der Verzögerung auf dem Weg zur Erhörung. Auch Rivalen und die Furcht vor Entdeckung rechnet er unter die würzenden Hindernisse einer vollendeten Liebesgeschichte. Nichts wird die Erfüllung vereiteln, wenn eine Liebe stark genug ist und der Liebende mit natürlichem Geschick Gegenliebe weckt. »Ut amaris, amabilis esto« (II, 107), willst du geliebt werden, sei liebens*wert*, verhalte dich liebens*würdig*! Dieses Gebot gewinnt Ovid aus der Seelenachse der Liebe. Sie ist vorrangig ein ästhetisches Geschehen. Im Grunde ist die »Ars amatoria« eine Ästhetik der Liebe.

Es scheint, gelten könne sie nur zwischen idealen Partnern, die sich von sozialen Spannungen nicht beirren lassen. Aber Ovid spart nicht mit Angriffen auf Erscheinungen der Gesellschaft, die eine Entfaltung wahrer Liebe stören. Die satirische Seite seiner Begabung, die sich sonst kaum entwickeln kann, findet hier ihr Feld. Käufliche »Liebe« fällt aus seinem Modell zwangsläufig von selbst heraus. Dem schalkhaften Lehrmeister der Liebe, der für einen »tenerorum lusor amorum« gehalten werden möchte, ist es um nichts ernster als um die Liebe. Sie bietet ihm die einzige Gewähr dafür, daß der Mensch im Innersten des Guten fähig sei, weil er nur durch Güte zu den echten Wonnen des Lebens gelangt.

6 Gegenstand und Meisterschaft sichern Ovids Werk gleichermaßen den Erfolg. Ob es jeder in seiner ganzen Tiefe versteht, darf der Dichter bezweifeln. Lüstlinge, die ein weiteres, vielleicht etwas kunstvolleres Handbuch für den Geschlechtsverkehr erwarten, werden enttäuscht. Moralisch entrüsten kann sich nur die Prüderie. Ovid, willens, ein unpolitischer Dichter zu bleiben, hofft noch immer, seine Dichtung der Tagespolitik fernzuhalten. Wieder einmal ist er der Wahl zwischen geschmacklosen Huldigungen und aussichtsloser Opposition durch seinen Stoff enthoben worden. Das elegische Di-

stichon dient ihm und seinen Freunden mittlerweile als poetischer Schlüssel eines passiven Widerstandes gegen Augustus. Doch die Meisterschaft dieser Dichtung, sich über Belange des römischen Staatswesens hinwegzusetzen, wird allmählich heikel.

Augustus hat den inneren Frieden gefestigt. Im allgemeinen geht es den Leuten wieder gut. Nach den Wirren der Umverteilung soll jeder behalten, was er hat, um ihm damit zu dienen. Sorgen bereiten nur die Sitten der Römer, die während der Bürgerkriege verwildert sind und sich unter der Pax Augusta kaum bessern. Im Jahre 18 v. u. Z. hat der Kaiser neue Ehegesetze erlassen. Sie sollen zusammen mit geschichtlicher Besinnung und neuer Frömmigkeit helfen, die altbewährten Römertugenden wiederzubeleben. Fast alle finanziellen Belange des Römers hängen nun davon ab, ob er verheiratet ist. An Liebe wird nicht gedacht. Um der zunehmenden Ehe- und Kinderscheu gerade in vornehmen Familien zu begegnen, fordert der Kaiser gesetzeskräftig, Römer zwischen fünfundzwanzig und sechzig Jahren und Römerinnen zwischen zwanzig und fünfzig Jahren haben verheiratet zu sein, wollen sie in der Besteuerung und im Erbrecht nicht empfindlich benachteiligt werden. Unverheiratete im einschlägigen Alter sind von jeder Erbschaft ausgeschlossen, Kinderlose erben nur die Hälfte. Der Rest fließt in den Fiskus. Die Scheidung wird erschwert, Ehebruch zieht wieder die strengen Strafen der Vorväter auf sich. Aus Liebesverhältnissen zwischen Freien und Freigelassenen wird nur dann eine Ehe, wenn der Freie auf seine Vorrechte verzichtet, und die Freie, die mit einem Sklaven ehelich leben will – eine Ehe zwischen Sklaven gibt es nicht –, muß sich selbst als Sklavin dem Besitzer ihres Mannes ausliefern.

Aber die Römertugenden haben sich im republikanischen Wettstreit um die besten Lösungen gesellschaftlicher Probleme herausgebildet. Ihr Ansporn war, Verantwortung und Macht zu gewinnen. Wo alles schon verteilt ist und nur noch Gehorsam erwartet wird, gedeihen sie in der Jugend weder unter Zwang noch durch Beschwörungen vergangener Zeiten. Wer nur erben darf, wenn er verheiratet ist, wird beizeiten von mehr oder weniger wohlmeinenden Eltern zusammengegeben oder geht eine Scheinehe ein. Ehen, denen es an Liebe fehlt, vermehren die Kundschaft der Dirnen. Daß Liebe zur Hochzeit führt, wird zur glücklichen Ausnahme. Meistens muß sie sich mit viel Geschick verbergen oder verkümmern. Gibt sie sich zu erkennen, schlägt das gesetzliche Reglement für das Zusammenleben von Mann und Frau mit aller Härte zu. Das alles entgeht Ovid nicht, während er an seiner »Ars« arbeitet. Er darf geltend machen, daß die Satire, die es herausfordert, ihn von seinem Vorhaben wegführen würde. So klammert seine ironische Didaktik der Liebe die Ehe einfach aus. Einmal erlaubt er sich, sie langweilig zu finden, weil sie an die Stelle verheißungsvoller Erwartung und ungeduldiger Eroberung nur alltägliche Gewohnheit und dämpfende Gewißheit setze. Da sein ästhetischer Seelenkosmos der Liebe die Ehe nicht braucht, kann er so tun, als gebe es sie nicht. So bleiben seine Verse, hofft er, unverfänglich. Keineswegs möchte er die Ehe als Lebensform ablehnen, und gegen die Absicht des Kaisers, zerrüttete Sitten zu bessern, hat er nichts einzuwenden. Aber er bezweifelt, ob gesetzliche Verfügungen, die Liebe und Ehe mit einer Geschäftsordnung verwechseln, etwas bewirken. In Glanz und Elend standesgemäßer Ehen kennt er sich aus. Dreimal hat er geheiratet, und die erste Frau, mit der er, »fast noch ein Knabe«, vom Vater verheiratet worden ist, nennt er »weder würdig noch geeignet«. Auch seine Tochter ist zum Zeitpunkt der Verbannung das zweite Mal verheiratet. Aus den Briefen, die der verbannte Mittfünfziger seiner dritten Frau schreibt, spricht eine innige, vielleicht etwas abgeklärte, kaum aber abgekühlte Liebe. Als Notgemeinschaft bedeutet die Ehe ihm viel. Daß er für das Ende seiner zweiten Ehe keinen Grund nennt, braucht nicht zu bedeuten, daß er schlechte Erfahrungen gemacht hätte. Welche Erfahrungen seine Frauen mit ihm gemacht haben, wissen wir nicht. Aber ein dichtender Wüstling hätte die »Ars« nicht schreiben können. Wie in den »Amores« folgt er in seinen Beispielen üblichen Bahnen, die sich bis in die griechische Dichtung zurückverfolgen lassen.

Ganz kann Ovid sein satirisches Temperament jedoch nicht verdrängen. Die Klage über den Erfolg eines reicheren Rivalen mag in den »Amores« noch Gemeinplatz sein. In der »Ars« spricht er in eigener Sache: eine Werbung mit Liebesgedichten muß gewöhnlich dem Gold weichen, das sogar einen Barbaren anziehend macht. Das trifft Neureiche, wie sie in der Kaiserzeit hochkommen. Die Theatervorstellungen und Zirkusspiele, Gastmähler und Zechgelage, die Ovid dem Verliebten empfiehlt, um sich unauffällig dem Mädchen seiner Wahl zu nähern, zeigen den Luxus und die lockeren Sitten der römischen Oberschicht aus einem Blickwinkel, der dem Kaiser nicht gefallen kann. Der Dichter baut vor: Er schreibe die »Ars« nicht für ehrbare römische Ehegattinnen, und es liege ihm fern, sie zu unerlaubten Liebschaften anzustiften. Aber den Ehebruch findet er unausbleiblich und menschlich verständlich, wenn der Gatte lange nicht zu Hause sei. Die Strapazen außerehelicher Liebe vergleicht er scherzhaft mit Kriegsdienst. Macht er sich lustig über die Waffentaten des Imperators, denen die wohlbehütete Pax Augusta zu verdanken ist? Er spart nicht mit »exempla«, verpaßt keine Gelegenheit, was er rät, mit Beispielen aus Mythologie und römischer Geschichte zu belegen. Aber Götter und Ahnen erscheinen sehr menschlich, nicht selten allzu menschlich, höchst fehlbar und unerhaben. Er vertraut darauf, daß er Tatsachen darstellt, die jeder kennt und niemand widerlegen kann. So war es einst, so ist es jetzt. Das muß überzeugen. Wer dürfte ihn belangen? Doch wenn er an seinen Freudenjauchzer, in dieser schönen Zeit zu leben, eine Absage an den Kult des Alten knüpft, kann er nur hoffen, daß der große Mann, der Archaisches liebt, naive Frömmigkeit wiederherstellen will und die Sitten zu läutern hofft, seine Verse nicht liest.

Ahnt Ovid nicht, wieviel Augustus gerade an seinen Ehegesetzen liegt? Wir wissen nicht, auf welchem Fuß er in der kaiserlichen Familie verkehrt. Gewiß wird er von den Damen eingeladen, weil ihnen die »Ars amatoria« gefällt. Was er durch Ohrenbläser oder aus Plaudereien erfährt, enthält manche Warnung. Seine Ehe mit Livia hat Augustus nicht unter den anständigsten Bedingungen geschlossen. Sie ging mit Drusus schwanger, als er sie ihrem Mann entführte und die Scheidung erzwang. Die Tochter des Augustus aus zweiter Ehe, die ältere Julia, hat sich in Ehebruchskandale verfangen und ist 6 v. u. Z. auf die Insel Pandateria verbannt worden. Die neuen Gesetze versagen bereits in des Kaisers eigener Familie.

7 Ovid ist es bald nicht mehr geheuer, daß man überall von seiner »Liebeskunst« spricht. Schnell läßt er ihr ein Buch »Heilmittel gegen die Liebe« folgen, das die Handschriften wie eine notwendige Ergänzung mitüberliefern. Vielleicht entspricht es der neuen Sittsamkeit mehr, wenn man rät, wie man eine unwillkommene oder unpassende Liebe wieder los wird. Zahlreiche Verhaltensmodelle der »Ars« werden gleichsam umgestülpt. Aus seinem Prinzip der Gegenliebe entwickelt der Dichter Maßregeln für Fälle, in denen sie ausbleibt. Aber hat er nicht in der »Ars« behauptet, daß der Liebende, verhält er sich nur liebenswürdig genug, immer Gegenliebe wecke? Scheinbar einlenkend, enthüllen die »Remedia«, daß die Ehegesetze der Liebe feind, also unmenschlich und hart sind. Anspruch und Wirklichkeit des »Augusteischen Zeitalters«, das ein neues Goldenes hat werden sollen, klaffen weit auseinander. Wer den Bau einer Brücke anbietet, verweist auf die Kluft. Aber verlangt wird, die Augen davor zu verschließen.

Mit den »Fasti«, einem kalendarischen Lehrgedicht über römische Festtage, denen der Kaiser einige bedeutende hinzugefügt hat, versucht Ovid öffentlichen Belangen mehr zu entsprechen. Er kann mit Ehrfurcht von Göttern und Altvorderen erzählen, ohne das elegische Distichon aufzugeben. Aber Form und Inhalt vertragen sich schlecht. Die Arbeit bleibt liegen und kann später, kaum halbfertig, nur aus dem Nachlaß veröffentlicht werden.

Die »Metamorphosen«, in denen der Dichter die schönsten Verwandlungsgeschichten griechischer und römischer Sagen gleichsam in fortlaufendem Fries aneinanderknüpft, gedeihen besser. Er läßt den Pentameter fallen und wagt den heroisierenden Ton des reinen Hexameters, der auf dem Palatin in höherem Ansehen steht. Aber die Götter und Helden, wie er sie darstellt, machen weder fromm noch sittsam. Sie leben, fühlen und denken nicht anders als Menschen. In gebildeten Kreisen schätzt man sie längst als poetische Spiegelbilder. Nur überirdische Macht und Unsterblichkeit erhebt sie über die Welt der Menschen. Drohen sie im Kampf mit Sterblichen zu unterliegen, zögern sie nicht, ihre Ausnahmestellung zu mißbrauchen, ohne nach Recht und Gesetz zu fragen. Auch untereinander tragen die Götter rastlos heimtückische Machtkämpfe aus. Jupiter selbst, das Oberhaupt der Olympier, in deren Kreis der Kaiser einmal eingehen will, bricht immer wieder die Ehe. Aus diesem Reigen von Bildungsgut und Kunstgenuß, dem »perpetuum carmen«, funkelt manche verschmitzte Pointe hervor. Den »ununterbrochenen Faden des Gedichts« der Vergöttlichung des Augustus entgegenzuführen ist wohl eine Huldigung, die nicht gern gehört wird. Überdies breitet der Dichter sich darüber aus, wie zweckmäßig Götter für die Staatsräson sind. Dem Kaiser aber kommt es darauf an, daß man an sie glaubt und sich von ihnen leiten läßt. Wer die Götter für zweckmäßig erklärt, macht sie unglaubwürdig. Ist eine Huldigung an die immerwährende Herrlichkeit des Augustus beabsichtigt, wird sie doch von dem Leitmotiv, alle Dinge seien wandelbar, das Ovid aus der Lehre des Pythagoras bezieht, wieder ausgehöhlt. Könnte der Dichter die Witze hören, die literarische Feinschmecker darüber austauschen, verginge ihm das Lachen.

Der vernichtende Schlag trifft Ovid nicht ganz unerwartet und doch unverhofft. Die Enkelin des Augustus, die jüngere Julia, lernt nichts aus dem Schicksal ihrer Mutter. Auch sie bricht die Ehe, wird ertappt und muß im Jahre 7 u. Z. in die Verbannung gehen. Bis an ihr Lebensende bleibt sie auf der Insel Trimerus in der Adria. Bis dahin hat Augustus die Schriftrollen der »Ars« vielleicht noch nie in den Händen gehabt. Sein Interesse für Literatur ist längst der Freude am Würfelspiel gewichen. Ovid deutet nur an, was ihn in diesen Ehebruchsskandal verwickelt. Unfreiwillig ist er Mitwisser oder gar Augenzeuge geworden. Jemand, der ihm übelwill, liest dem Kaiser ausgewählte Verse aus der »Liebeskunst« vor, um ihm die Augen darüber zu öffnen, wer da nicht sofort weggesehen hat, als er die jüngere Julia bei Unerlaubtem antraf.

Augustus müßte sich sagen, daß sich seine Tochter und seine Enkelin, in Zweckheiraten gepreßt, wie sie die Politik erfordert, nur dagegen gewehrt haben, als Ware im Kalkül der Macht eingesetzt zu werden. Aber er sieht die Dinge anders. Er unterliegt der für Despoten typischen Verwechslung: Wenn eine Dichtung Zustände berührt, in denen er Gefahr wittert, so ist zunächst der Dichter gefährlich. Die Zustände gehen nur ihn an, den Kaiser. Er ist ja Tag und Nacht dabei, sie zu bessern, und hat schlaflose Nächte. Seine Tochter und seine Enkelin opfert er der Strenge seiner neuen Gesetze. Aber der Dichter macht sich in Liebesversen darüber lustig! Augustus will sich nicht durch Literatur belehren lassen. Genug, daß ein neuer Skandal Stadtgespräch wurde und nicht nur er, sondern auch der Verfasser eines liederlichen Buches dabei genannt wird. In erbittertem Zorn fragt er nicht danach, ob eine mündige Frau, die sich in geselligem Luxus langweilt, eine dichterische Anleitung zum Ehebruch brauche. In der kaiserlichen Familie ist man unfehlbar. Also hat Julia nicht aus eigenem Antrieb Schande über ihn gebracht, sondern unter der Anleitung eines Dichters, der in seinen Versen fortgesetzt zu verstehen gibt, daß er mit der Macht nichts zu tun haben will, der sich beharrlich und geschickt den Wünschen entzieht, die der Palatin an die Künstler richtet. Etwa ein Jahr ist seit dem Strafgericht über Julia vergangen, da muß auch der Dichter in die Verbannung gehen, und zwar möglichst weit weg, ans Ende der Welt, und lebenslänglich. Seine »Liebeskunst« wird verboten. Auch die Abschriften der »Metamorphosen«, die schon im Umlauf sind, obwohl ihr Verfasser noch nicht allen Versen die letzte Feile gegeben hat, werden beschlagnahmt.

Der Schock, den das kaiserliche Edikt für Ovid bedeutet, hält lange vor. Er läßt seine Frau in Rom zurück, damit sie seinen Besitz verwalte und seine Begnadigung betreibe. Aber die Strapazen und Gefahren der Reise und das Leben in der Nachbarschaft beutelustiger Barbaren lassen ihn argwöhnen, man wolle ihn auf einem Umweg vom Leben zum Tode befördern. In der ersten Erschütterung fühlt er sich von Jupiters Blitz getroffen. Den vollen Umfang der Katastrophe begreift er erst nach und nach. Am wenigsten verschmerzt er die Trennung von Rom, seiner Frau, seinen Freunden. Für einen Menschen seines Naturells stellt sie den Wert des Überlebens in Frage. Man braucht kein verzärtelter Tagedieb gewesen zu sein, um sich in einem vergleichsweise rauhen Klima unter Leuten, deren Sprache man nicht versteht, sterbenseinsam zu fühlen. Ovids geographische Vorstellungen sind verzerrt, und seine Schilderungen des Wetters übertreiben. Vielleicht erhofft er sich davon, daß man ihm desto eher einen milderen Verbannungsort zuweist. Aber die seelische Erschütterung steigert ohnehin jedes körperliche Ungemach, bis es kaum erträglich scheint.

Ovid sieht nur eine Rettung: Verse. Nun, da alles verloren ist, hält er es wieder mit der »hinkenden« Muse des elegischen Distichons. Vom Beginn seiner Verbannung im Jahre 8 u. Z. bis um die Mitte des Jahres 12 u. Z. entstehen die »Tristia«, Briefe in Gedichtform an Freunde, getreue und treulose, an seine Gemahlin, an Augustus. Die vertraute Gewohnheit des Versemachens soll ihm seine Lage klären, Abstand schaffen, schwindende Hoffnungen stärken, Lebenssinn erhalten. Der argumentative Stil des juristisch und rhetorisch geschulten Römers macht aus ihm und seiner Dichtung einen Rechtsfall. Die Arbeit an den »Metamorphosen« klingt nach in der Fülle mythischer Beispiele, mit denen er sein Los vergleicht, seine Lage verdeutlicht, seine Argumente veranschaulicht. Zum erstenmal in der Antike macht sich ein Dichter so gründlich Gedanken über sich selbst, seine Rolle als Künstler, seine Verpflichtungen, seine Rechte, seine Verantwortlichkeiten, seine Wirkungen. Der Wunsch, sich zu rechtfertigen und seine menschliche Würde zu verteidigen, entlockt ihm sogar am Ende des Vierten Buches eine Autobiographie, wie sie bis dahin noch kein Dichter verfaßt hat. Die Umstände wollen, daß die Klage überwiegt. Er ist sich bewußt, wie groß das Risiko für die Qualität einer Kunst wird, wenn man immer wieder nur sich selbst und seine mißliche Lage zum Gegenstand hat. Er verzichtet auf den Anspruch, ein überragendes Werk zu schaffen. Zu gut weiß er um die Gefahr, daß es weinerlich wirkt. Aber diese Elegien wirken manchmal so larmoyant, weil dem Dichter jede Möglichkeit fehlt, sein Unglück zu kompensieren. Er weiß nicht, wofür er sich opfert. Er hat den Kaiser nicht ärgern wollen, und seine Feinde sind ihm gleichgültig. Aus Philosophie hat er sich wie die meisten Römer seiner Zeit nie viel gemacht. Die Mythen haben ihren religiösen Gehalt verloren. Wo er sie beschwört, stützt er sich auf Instanzen, von denen er keine Hilfe erwarten kann. Wie zuvor die Liebe, so verziert er nun seine Leiden mit Göttern und Helden. Allein die Kunst vermag den Schlag, der ihn jedesmal erneut trifft, wenn er sein Los überdenkt, etwas zu dämpfen.

Aber es ist nicht nur seelische Selbsthilfe, wenn Ovid in der Verbannung weiterdichtet, nicht nur um Begnadigung bittet er den Kaiser, sooft er sich, direkt oder mittelbar, an ihn wendet. Er wird nicht müde, Verwunderung darüber zu bekunden, daß man ihn, der nie politischen Ambitionen gefolgt ist, wie einen Staatsverbrecher behandelt. Augustus wollte sich nicht von Literatur belehren lassen, doch der Literat nimmt seinerseits vom Kaiser keine Lehre an. Sobald Ovid das Wort an den Herrscher richtet, geht die seelische Erregung mit ihm durch, er übertreibt, spielt sich auf und läßt es sogleich wieder an Stolz fehlen. Wütend verunglimpft er selbst das Werk, das ihn unsterblich macht, die »Ars«: Sie habe ihn ins Verderben gestürzt. Da er nie ein politisches Gegenprogramm vertreten hat, weiß er nicht, woher er seinen Stolz nehmen soll, wenn nicht aus seiner Kunst, doch auch die ist ihm verdächtig geworden. Ein Versäumnis fällt ihm an der Küste des Pontus ein: Alle Huldigungen, die er nicht für nötig erachtet hat, als er noch in Rom seinen Ruhm genoß, holt er nun nach. Die Gepflogenheit, Augustus als Gott zu behandeln, ist ihm keine Frage des Geschmacks mehr. Alle, die etwas vom Kaiser wollen, tun es inzwischen, und wer könnte sich noch anmaßen, vom Beglücker seines Zeitalters nichts zu wollen? Die politischen Gründe für diese Verbannung liegen nicht im Werk des Dichters, sondern in den Halbheiten und Mißerfolgen des Herrschers. Vielleicht bleiben sie für beide, während der eine sich verteidigt und der andere schweigt, schwer faßliche Hintergründe.

Ovid behandelt seinen Fall mit der juristischen Spitzfindigkeit, die ihm aus seinen Studien erinnerlich ist. Doch seine Argumente hätten nur Wert, wenn es um Recht und Gesetz ginge. Das ahnt er wohl, und so stiehlt sich, nicht allein durch das »Hinken« des Versmaßes, unfreiwilliger Schalk in sein Argumentieren. Keiner Schuld wirklich bewußt, nimmt er die Maßregelung hin und bittet, wie es üblich ist, kniefällig um Gnade. Es erweist sich aber, daß alles, was man gegen seine Überzeugung sagt, auf einen selbst zurückfällt, wenn man keine Übung im Heucheln hat. Wo Ovid sich auf Beispiele beruft, entschlüpft ihm manches, was ihm als Hohn ausgelegt werden kann, ob er nun auf die Hohlheit der Spiele verweist, die der Kaiser gerade braucht, um den Massen zu schmeicheln, oder ob er Literatur über das Würfelspiel verächtlich macht, das der Kaiser so liebt. Wenn er sich mit dem Schmied Perillus vergleicht, der das Opfer seiner eigenen Kunst wurde, unterstellt er Augustus den Zynismus des Tyrannen Phalaris. Wenn er Augustus fortgesetzt preist, er habe Aufgaben übernommen, die nach vernünftigem Urteil kein Mensch zu lösen vermag, meint er zwar die Göttlichkeit des Herrschers, stellt aber nur seine Selbstüberhebung bloß. Ovid versucht die Autorität zu verherrlichen, aber da er nirgends ein echtes Argument für diese Autorität findet, stellt er sie erneut bloß. Daß er den Kaiser beleidigt hat, betrachtet er nun als Dummheit wie einen Verstoß gegen Naturgesetze. Der Gebieter ist nicht mehr als ein Stein, über den man gestolpert ist.

Wer sich so verteidigt, macht seine Sache nur schlimmer. Republikanische Denkgewohnheiten haben die Republik überlebt. Ovid ist in seiner rhetorisch-juristischen Ausbildung noch von ihnen geprägt worden. Als erfolgreicher Dichter findet er keine Gelegenheit, die Speichelleckerei zu üben. Für die Autorität klingen alle Bitten, Richtigstellungen, Belehrungen, die er nun an sie richtet, blamabel. Ihr Zorn soll sich beruhigen. Aber darf er unterstellen, sie hätte im Zorn entschieden? Ovid bedankt sich, daß ihm nicht öffentlich der Prozeß gemacht wurde. Vielleicht hätte der Kaiser solch einen Prozeß am meisten zu fürchten? Nun holt ihn der Dichter gar in Versen nach! Die Wortklauberei, welche Bezeichnung sein Urteil trage, verdeutlicht es: Ovid erwägt, wieviel härter es ausfallen konnte, um dann die »Milde« des Kaisers herauszustreichen. Damit sagt er nur, daß die Willkür, ist sie einmal zum Zuge gekommen, keine Grenze mehr zu scheuen braucht. Die Gnade des Herrschers ist nichts als die Kehrseite seiner Willkür.

8 Darauf kann der Kaiser sich nicht einlassen. Zu gern steht er als Wahrer von Recht und Gesetz da. Darüber läßt er nicht mit sich rechten. Nun werden alle Werke Ovids aus den Bibliotheken entfernt. Auch sein Nachfolger Tiberius gibt den Gesuchen des Verbannten nicht statt. Nach den »Tristia« schreibt Ovid noch eine etwa ebenso lange Reihe von Briefgedichten: »Epistolae ex Ponto«. Sie bringen thematisch nichts Neues. Die Resignation setzt sich allmählich durch. Der Dichter lebt sich in dem verhaßten Tomi ein und lernt die Sprache seiner Bewohner, ein verbogenes, barbarisch klingendes Griechisch, und das einheimische Getisch. Manchmal muß er lange nach einem lateinischen Wort suchen. Mitunter ertappt er sich bei einem getischen Vers. Er wird zum Ehrenbürger der Stadt ernannt und leitet Spiele zu Ehren der Götter. Bis 17, spätestens 18 u. Z. harrt er aus in der Einöde zwischen Steppe und Meer. Sein Todesjahr ist nicht genau zu ermitteln.

Wir wissen auch nicht, wann die Werke Ovids in den öffentlichen Bibliotheken Roms wieder zugelassen wurden. In immer neuen Abschriften überdauerten sie nicht nur den Haß eines nach und nach verkommenden Kaiserhauses, sondern auch den Vandalismus der Völkerwanderung und die fromme

Diffamierung der geschlechtlichen Liebe durch die mittelalterliche Kirche. Gerade in den Geheimfächern der Klosterbibliotheken wurden sie stillschweigend gehütet. Immer wieder bestachen sie durch treffende Lakonik, Seelenkenntnis und Freimut. Wer Ovid las, ließ sich von den Verklemmungen einer Moral befreien, die das Bündnis von Macht und Besitz stets mit doppeltem Boden ausstattete. Ob ein katholischer Bischof aus dem Zusammenhang gerissene, sentenzartige Verse der »Ars« ahnungslos als Bibelzitate benutzte, ob das ganze Buch heimlich unter Nonnen und Mönchen zirkulierte, ob es Äbte als delikate Gegenliturgie an Äbtissinnen weiterreichten – Ovid hatte sich nicht getäuscht, wenn er sich Unsterblichkeit erhoffte, als er in Versen eine Ästhetik der Liebe lehrte. In einem Kloster der Diözese von Toul sperrten sich junge Nonnen in einem Saal ein und feierten nach dem Vorbild ritterlicher Höfe eine Art Liebesmesse. Statt des Evangeliums wurde Ovids »Ars amatoria« verlesen. Die Domina trat in geblümtem Kleid vor und bezeichnete sich als Sendbotin Amors. Die Nonnen bekannten ihre Liebesverhältnisse zu Geistlichen und Rittern, Spielverderberinnen wurden feierlich im Namen der Venus exkommuniziert. Das lateinische Gedicht, das von diesem Liebeskonzil erzählt, kann sich mit der Kunst Ovids nicht messen, doch es bezeugt, wie erfinderisch und mutig man ihn als Anwalt natürlichen Fühlens in Anspruch nahm.

Es fehlte auch nicht an Vorwürfen. Wem verborgen blieb, wie korrumpiert die Moral seiner Gesellschaft war, der nannte Ovid unmoralisch oder frivol. Sogar Boccaccio, der ihm als junger Mann herzlich zugetan war und im »Decamerone« manches Detail der »Ars« erzählerisch ausgestaltete, lehnte ihn im Alter ab. Als Jüngling verfaßte der später kinderreiche, hellenisch heitere Dichter der Aufklärung Christoph Martin Wieland in einem Anfall von Prüderie einen »Anti-Ovid«. Herders Unmut griff tiefer. In seiner Abhandlung »Über die Würkung der Dichtkunst auf die Sitten der Völker in alten und neuen Zeiten« schrieb er zum Fall Ovid: »Die feine Sittlichkeit des Dichters hatte zu nah in das Geschlecht des Kaisers gewürket, und so mußte er jetzt dafür büßen. Hatte die Dichtkunst dieser Höflinge keine andere Würkung, so war's die, poetische Blumenketten um die Fesseln Roms zu winden, damit dieses etwa sie angenehmer und sanft getäuscht trage.« In seinem Aufsatz »Über naive und sentimentalische Dichtung« meldete Schiller Zweifel am »poetischen Gehalt« von Ovids »Tristia« an: »Es ist viel zu wenig Energie, viel zu wenig Geist und Adel in seinem Schmerz.« Der Maßstab einer abstrakten, »idealischen« Moral warf für Generationen von bürgerlichen, in kantischem Geist erzogenen Schulmännern seinen Schatten auf das Urteil über Ovid. Das Bild des genialen, aber frivolen und charakterlich schwachen Liebesdichters ist ein moralisierendes Klischee. Es verkennt den Meister erotischer Verskunst, dessen einziger Fehler vielleicht war, daß er zu spät und zu schlecht heuchelte.

Ovid hat die Würde des Menschen verteidigt, indem er die Liebe zum »cultus« erhob: nicht zum Kult, sondern zu einem ästhetischen Ereignis, das es zu schützen gilt vor den Verbildungen durch eine Moral, die das Zusammenleben der Geschlechter nach der bestehenden Güterverteilung regelt. Der Verlogenheit solcher Moral hält er die Aufrichtigkeit der Liebe entgegen. Er hat die Liebe nicht animalisiert, sondern zutiefst humanisiert. Sein Grundsatz, Liebe müsse Gegenliebe wecken und finde anders keine Erfüllung, führt die Geschlechter zu einer natürlichen Solidarität. Im Ersten Buch seiner »Metamorphosen« erinnert Ovid an eine ursprüngliche Gleichheit, die während des unwiederbringlich verlorenen Goldenen Zeitalters die Menschen verband. Seine Ästhetik der Liebe, die uns rät, mit den eigenen Schwächen und denen der anderen zu leben, weist in dieselbe Richtung. Er mahnt uns aber auch zur Selbsterziehung, wo die elementaren Regungen des Lebens sie zulassen und wo sie eine Bedingung ist, ohne die niemand glücklich wird.

Ovid mußte zuletzt noch verstehen lernen, daß er als schalkhafter Lehrmeister der Liebe auch die Freiheit der Dichtung zu verteidigen hatte.

Petronius
oder Ein Streit über Geschmacksfragen

1. Ein Scherbenhaufen erzählt

Im 3. Buch von Vergils »Aeneis« heißt es über die Sprüche der
Sibylle von Cumae, sie lägen in ihrer verschlossenen Höhle
geordnet jeder an seinem Platz. Öffne man aber die Pforte
und bliese der Wind herein, flatterten alle Blätter durcheinan-
der, die Sibylle bemühe sich nicht, sie festzuhalten, und ohne
Bescheid gehe man fort. Ähnliches scheint dem Werk wider-
fahren zu sein, das ein römischer Dichter namens Titus oder
Gajus Petronius Arbiter unter dem Titel »Satyricon« hinter-
ließ. Als die Pforte zwischen Antike und Mittelalter offen-
stand und der Wind der Zeiten hindurchblies, wurden die
Blätter dieses Werkes nicht nur durcheinandergewirbelt, sondern auch zu einem wohl nicht unbeträchtlichen Teil davonge-
tragen. Was wir heute davon besitzen, sind größere und kleinere Bruchstücke, mitunter nur winzige Splitter.

Sie gehen auf Handschriften zurück, die um die Mitte des
9. Jahrhunderts im Herzen Frankreichs von Mönchen der Klö-
ster Fleury und Auxerre angefertigt wurden, aber ebensowenig erhalten sind wie ihre Vorlagen. Wir wissen nicht, nach
welchen Gesichtspunkten die Abschreiber auswählten. Das
lockere Treiben der Gestalten mag den Klosterbrüdern ebenso
interessant gewesen sein wie das volkstümliche Latein, das
einige von ihnen sprachen, eine Vorform der romanischen
Sprachen. Wir können nicht einmal ahnen, wem als letztem
noch der ganze Petronius vorgelegen hat. Die Handschriften
tauchten unter, wurden verschleppt, verstümmelt. Humanistische Gelehrte der Renaissance, vor allem Italiener und Fran-

zosen, fanden sie im 15. Jahrhundert wieder, einen Teil in Frankreich oder England, einen Teil in Köln. Sie ließen neue Abschriften anfertigen, die neue Fehler in den Text trugen. Erst die Erfindung des Buchdrucks hielt einen weiteren Textverfall auf; zugleich setzten philologische Bemühungen ein. Mehrere gedruckte Ausgaben, die im 16. Jahrhundert in Italien, Frankreich und den Niederlanden erschienen, schufen die Grundlage für kritische Textvergleiche. Verhältnismäßig spät, erst 1650, wurde in Trau an der dalmatinischen Adriaküste ein geschlossenes, fast lückenloses Textstück wiederaufgefunden, das beinahe ein Drittel des gesamten erhaltenen Textes ausmacht.

Aber die Bilanz bleibt mager, wenn wir den Vermerken auf einigen Handschriften glauben, daß sich die Bruchstücke auf Teile des 14., das 15. und Teile des 16. Buches beschränken. Nehmen wir an, diese Bücher hätten auch zu den letzten gehört, so besitzen wir günstigenfalls kaum ein Sechstel dessen, was Petronius geschrieben hat. Die Frage nach dem, was verloren ist, woher der Erzählfaden kam, wohin er weiterlief, wie groß die Lücken sind, welcher Bogen sich vom Anfang zum Ende des Werkes spannte, setzt alles, was man über die geretteten Textteile zu sagen sich aufrafft, dem Zweifel aus. Die Phantasie ist versucht, Verlorenes durch ergänzendes Fabulieren zurückzuholen. Doch der Umfang des Verlorenen ist erdrückend; auch die lebhafteste Erfindungsgabe müßte versagen, die Gefahr mehr oder weniger geistreicher Spekulationen wäre übergroß. Das 16. Jahrhundert kennt Gelehrte, die den Teufel beschworen, um zu erfahren, wo eine vollständige Petronius-Handschrift liege. Als der Lübecker Humanist Henrik Maiboom die Nachricht erhielt, in Bologna werde ein unverstümmelter Petronius aufbewahrt, scheute er weder die Kosten noch die Beschwerlichkeit der Reise; doch in Bologna zeigte man ihm die sterblichen Überreste eines heiligen Petronius, der einmal den Bischofshut dieser Stadt getragen hatte. Ende des 17. Jahrhunderts erregte dennoch ein angeblich vollständiger Petronius Aufsehen, den der französische Offizier François Nodot herausgab. Er wollte die unversehrte Handschrift in Belgrad erworben haben. Der Fund von Trau hatte ihm wohl wegen der geographischen Nähe diese Behauptung in den Mund gelegt. Leibniz erkannte als einer der ersten, daß es sich um eine Fälschung handelte, die sich mit geringfügigen, desto gewaltsameren Interpolationen begnügte.

Der Wissenschaft blieb nichts übrig, als den Scherbenhaufen zu ordnen und zu reinigen und auch den unscheinbarsten Splitter der Überlieferung geduldig nach Anhaltspunkten für das Verlorene zu befragen. Bis in unsere Zeit dauern die Versuche an, mit dem Scharfsinn philologischer Methoden einen gesicherten Text wenigstens der Bruchstücke zu rekonstruieren und von seiner Beschaffenheit auf das Ganze zu schließen.

Tritt man in die Welt, die sich bei näherer Betrachtung des Geretteten öffnet, hält man sich auch nicht länger bei der Klage um den Verlust auf. Der Auftakt, eine resignierende Erörterung über den Verfall der Redekunst, mag dem mönchischen Abschreiber, der vielleicht ohne Auftrag und gegen die Klosterzucht handelte, bei seiner Auswahl als Tarnung gedient haben. Gleich darauf erzählt eine feingliedrige, wendige, geschliffene Prosa die abenteuerlichsten und erheiterndsten Begebenheiten, von denen die überlieferte antike Literatur weiß und denen die Weltliteratur bis heute wenig Vergleichbares an die Seite stellt. Meisterhafte, aber auch, von der Situation gefordert, absichtlich flache oder manierierte Verse sind eingestreut. Novellen und Novelletten folgen, sobald die Handlung nach einer Atempause verlangt. Philosophische Sentenzen scheinen die Vorfälle zu erhellen, geraten aber selbst dabei in eigenartige Beleuchtung. Einige Gestalten sprechen die ihrem Stand eigene Volkssprache, andere können nicht leugnen, daß ihre Redeweise geschult worden ist. Der Erzähler ist vertraut mit dem Leben der Gassen und Märkte wie mit dem Bildungsgut der begüterten Oberschicht. Vom nüchternen Bericht bis zur psychologischen Reflexion, vom überlegenen und spöttischen Seitenhieb bis zum wehmütigen und leidenschaftlichen Ausbruch sind ihm die Ausdrucksmöglichkeiten seiner Zeit geläufig. Wo aber alle Stile beherrscht werden, argwöhnt man, daß nicht jeder gleichermaßen ernst gemeint ist.

Ins Auge fällt sogleich auch die bedeutende Rolle, die Liebe und Sexualität in diesen Abenteuern spielen. Homosexualität, Päderastie, Gruppensex, Prostitution und Kuppelei erschienen der antiken Gesittung zwar weniger abartig als der heutigen. Aber in den Texten des Petronius begegnen sie in auffallend dichter Folge. Die Lächerlichkeit der Situationen, die sie heraufbeschwören, wäre nicht denkbar ohne eine gewisse Peinlichkeit. Oft stehen sie in Zusammenhang mit ausgemachten Lastern wie Müßiggang, Verschwendungssucht und Erbschleicherei. Der Wunsch des Erzählers nach natürlichem Sex und unverfälschter Liebeserfüllung ist unverkennbar.

Die Säulenhallen einer Rhetorenschule und einer Gemäldegalerie, die Gassen, Märkte, Bäder und Kneipen im Hafenviertel einer süditalischen Stadt werden ohne nähere Beschreibung gegenwärtig. Die Anschauung, auf die der Erzähler bei seinen römischen Lesern hoffen durfte, ersetzen uns heute die Ruinen von Pompeji. Andere Schauplätze erfahren eine für die antike Literatur ungewohnt genaue und sinnreiche Beschreibung: die aufwendige und weitläufige Villa eines unglaublich reichen Großgrundbesitzers, die ärmliche Hütte einer ländlichen Priesterin. Wie ein Zitat epischer Szenarien, etwa aus der »Acncis«, erscheint das Getümmel auf einem Schiff bei Seesturm, einem Gerichtssaal gleicht zuvor das Deck, die Einöde des Meeresstrandes wird zur Bühne für eine Deklamation. Die Platanenhaine der wohlhabenden Stadt Kroton bilden den Hintergrund eines tückischen erotischen Idylls.

Vielfältig abgestuft von treffender Verkürzung bis zu ausführlicher Charakteristik treten Gestalten auf, die das Geschehen tragen oder an denen es vorüberführt. Encolpius, der Erzähler, ist gefühlvoll bis zur Empfindelei, leidenschaftlich, unbeherrscht, naiv, mißtrauisch, tolpatschig. Er verwickelt sich am tiefsten in die Abenteuer, doch da er sie so flüssig erzählen kann, steht er zugleich darüber. Selbst wenn er es wollte, gelänge es ihm nicht, seine Wohlerzogenheit und feine Bildung zu verbergen. Wohlerzogen ist gleichfalls sein »Brüderlein« Giton; aber scheinheilig und berechnend umgeht er mit viel Geschick jede Falle. Auch Ascyltus wurde nicht als Herumtreiber geboren. Seine Robustheit, sein freches, unverfrorenes Wesen, die impulsive und besitzergreifende Art, mit der er jeder Überraschung entgegentritt, lassen jedoch in ihm den erfahreneren Landstreicher erkennen. Er ist auf dem besten Weg, ein ausgewachsener Strolch zu werden. Der verschmitzte und zugleich vertrottelte Dichter Eumolpus, Faulpelz und Schönredner, gütiger Vermittler und verschlagener Genießer, kennt sich am besten im Landstreicherleben aus. Doch auch er war nicht immer in Kaschemmen und auf Landstraßen zu Hause, sondern gehörte einmal zum Gefolge eines hohen Beamten. Sie alle sind Freigeborene, von ihren sozialen Wurzeln getrennt, aus wohlhabenderen Kreisen zu mittellosen Tagedieben herabgesunken. Sie kommen einigermaßen damit zurecht. Nur Encolpius stolpert immer wieder in die Fallstricke eines harten Daseinskampfes, unbelehrbar und weltfremd, ein Don Quijote des anständigen Benehmens, der erlesenen Bildung, des guten Geschmacks. Encolpius mutet mitunter wie ein entwurzelter Patriziersohn an, während Ascyltus sich in einer plebejischen Umwelt ziemlich gut zurechtfindet.

Der Reiche hingegen, an dessen Tafel er mit seinen Gefährten einmal speisen darf, ist kein freigeborener römischer Bürger, der auf eine Reihe namhafter Ahnen zurückblickt und mit seinem Besitz eine Kultur vertritt, wie es sich seit Vorväterzeiten für Römer gehörte. Sondern der Händler, Großgrundbesitzer und Wucherer erweist sich als ehemaliger Sklave orientalischer Herkunft. Er hat es verstanden, sich innerhalb seines Standes auf schmutzigste Weise Privilegien zu erschmeicheln und zu erschleichen, freigelassen zu werden und seinen Herrn zu beerben. Der Freigelassene hat kein Mittel ausgeschlagen, die Habe anderer an sich zu bringen und seinen Besitz zu vermehren, bis er ihn nicht mehr überblicken kann, und brüstet sich auch noch damit. Er kommt von weit unten, aus einer Tiefe, in die Encolpius und seine Gefährten kaum je absinken können, hat bei seinem unaufhaltsamen Aufstieg nicht nur Geld angehäuft, sondern einen Schatz von Geschäftserfahrung gesammelt, der ihm zu weiteren Erfolgen verhilft. Er ist bemerkenswert gut mit dem Daseinskampf fertig geworden. Sein Besitz potenziert seine Lebenskraft. Aber er gehört zu den unausstehlichen Zeitgenossen. Er schielt nach den guten Manieren der gehobenen Schicht, kann aber, selbst wenn er es will, den Grobian nicht abstreifen. Das macht sein Benehmen abscheulich. Erst seine untauglichen Versuche, gebildet zu scheinen, geben seinen Mangel an Bildung, der sonst keine Schande wäre, der Lächerlichkeit preis. Sein Ehrgeiz, feinere Lebensart zu zeigen, verleitet ihn zu ungezügelter Verschwendung und Prahlsucht. Was er auch tut und sagt, wie er sich dreht und wendet – er verstößt fortgesetzt in ärgerlicher Weise gegen den guten Geschmack. Er ist die Unperson schlechthin.

Scheinbar beschränken sich die Konflikte auf Liebe und Eifersucht, pikant durch die quälende Impotenz des Erzählers, auf die Wechselfälle des Landstreicherlebens und den abenteuerlichen Broterwerb am Rand oder außerhalb des Gesetzes. Der ungewohnte Freimut, zu dem sich der Verfasser mit seinem Gedicht über die »nova simplicitas« (Kapitel 132) bekennt, gilt zunächst Lebensbereichen, über die gewöhnlich die Scham ihr Schweigen breitet. Fortuna, die allgewaltige Schicksalsgöttin, die nicht auf Rang und Verdienst achtet, hat die Fäden in der Hand. Aber unübersehbar ordnet ein soziales Kräfteverhältnis die Gestalten einander zu. Soziale Gruppen haben sich miteinander zu messen. Hinter den Erlebnissen der Abenteurer zeichnet sich ein gesellschaftlicher Konflikt ab.

2. Freie und Freigelassene

Zweifelhaft blieb eine Zeitlang sogar, in welchem Jahrhundert der römischen Kaiserzeit diese »Satyrgeschichten« geschrieben wurden. Die Versuche, sie als ein Werk des 3. Jahrhunderts u. Z. zu verstehen, fanden jedoch wenig Zustimmung. Vergleiche mit Zeugnissen über die Entwicklung der römischen Gesellschaft haben weitaus überzeugender ins 1. Jahrhundert u. Z. geführt, als der Gegensatz von arm und reich eine bedeutsame, freilich leicht zu verkennende Differenzierung erfuhr.

Den überwiegenden Teil dessen, was die Römer verbrauchten, brachte die Arbeit der Sklaven hervor. In den Kriegen, die Rom zum Weltreich gemacht hatten, waren unablässig aus allen Himmelsrichtungen versklavte Menschen nach Italien verschleppt worden. Sie arbeiteten auf Feldern, in Weinbergen, Stallungen, Bergwerken, Hafenanlagen und Werkstätten, kämpften als Gladiatoren in der Arena. Aber sie kamen auch in die Stadtvillen und Landhäuser der Vornehmen als Bedienstete, die der Luxus erforderte. Je reicher die römische Oberschicht wurde, desto mehr Köche, Kammerdiener, Musikanten, Heilkünstler, Bibliothekare, Hauslehrer, Frisöre, Rechnungsführer, Gärtner, Parkwächter, Leibwächter, Tierpfleger, Laufburschen wurden benötigt, desto mehr gesonderte Fachkenntnisse waren gefragt, desto feiner grenzten sich die Aufgaben der Haussklaven ab.

Diese Intelligenz- und Luxussklaven standen zur Familie und zum Haushalt ihres Herrn in weit engerem Verhältnis als die Hirten, Winzer, Feldbauern und Lastträger, Bergleute und Handwerker, Ruderer und Gladiatoren. Unter ihnen bildete sich eine vielfach abgestufte Rangordnung heraus, die als Leistungsansporn wirken konnte. Denn besonders treue Dienste brachten Geschenke und andere Zuwendungen ein. Als höchste Belohnung winkte die Freilassung. Je näher die Sklaven dem Privatleben ihres Herrn standen, desto weniger zählten sie zu einer gleichförmigen Klasse, desto deutlicher bildeten sie eine Schicht für sich, die von der Gesellschaft der Freien zwar ausgeschlossen blieb, in der Abhängigkeit bis zur Hierarchie, Konkurrenzkampf, Arbeitsteilung und Korruption aber ganz ähnliche Blüten trieben.

Diese Entwicklung blieb nicht ohne Auswirkungen auf die Scharen der produktiv beschäftigten Sklaven. Der Aufstand des Spartacus (74–71 v. u. Z.) war der größte und gefährlichste, aber zugleich auch der letzte bedeutende Sklavenaufstand in Italien. Er belehrte die Herrschenden über die Schwierigkeit, unabsehbare Massen von Sklaven in Schach zu halten, die jede Hoffnung auf eine Verbesserung ihres Loses verloren haben. Auch erwiesen sich lustlos arbeitende, nur der Peitsche gehorchende, unter tierischen Bedingungen lebende Menschen als nicht produktiv. Der Aufsichtsapparat wurde immer kostspieliger, die Leistungsverweigerung der Rechtlosen immer geschickter, immer mehr liefen davon. Die Erträge einer solchen Wirtschaft ließen sich nicht steigern; es bereitete sogar Mühe, sie zu halten. Fachschriftsteller wie Columella und der Ältere Plinius machten ihre Bedenken geltend. Die Behandlung der Sklaven als »sprechende Werkzeuge« hatte ihre Grenzen erreicht. Der Bedarf wuchs, aber seit Rom seine Legionen überall nahe den Grenzen der damals bekannten Welt stehen hatte, wurde die Ware der Sklavenmärkte rar. Die Kriege, die freie römische Bürger beim Aufstieg Julius Caesars und nach seiner Ermordung gegeneinander führten, untergruben auch Ruhe und Ordnung in der Sklavenschaft. Sollten sich die Herrschenden, der reiche, aber dezimierte und entmachtete Senatsadel und die reich gewordenen, zu politischer Macht gelangten Plebejerfamilien, miteinander aussöhnen, wie es Augustus und die nach ihm folgenden Kaiser anstrebten, so mußten sie auch ihre Sklaven wieder fester in die Hand bekommen. Die »concordia ordinum«, die »Eintracht der Stände«, oberstes Ziel römischer Innenpolitik, erforderte vor allem auch Einigkeit der Freien gegen die Sklaven.

Die Gesetzgebung versuchte im 1. Jahrhundert u. Z. das Verfügungsrecht des Herrn über seine Sklaven vorsichtig zu beschneiden, seine Grausamkeit in Schranken zu halten. Als wirksamer erwiesen sich jedoch Aussichten auf bessere Lebensbedingungen und menschenwürdigere Arbeitsverhältnisse. Ein Sklave konnte Aufseher werden, hinzulernen, Land oder Gebäude pachten, selbst Sklaven beschäftigen, Läden eröffnen, Gastwirtschaften betreiben. Einen Teil seines Gewinns hatte er an den Herrn abzuführen, aber was er selbst zusammensparen durfte, reichte nach Jahren nicht selten dazu aus, sich freizukaufen. Er blieb danach Schutzbefohlener seines Herrn, im Konkurrenzkampf kein unbeträchtlicher Vorteil, und nach einer härteren Schule des Daseinskampfes hatte er mehr Er-

fahrung, wie man etwas aus sich macht, als mancher Freigeborene.

Unter den Kaisern Tiberius, Caligula, Claudius und Nero
nahmen trotz einschränkender Gesetze die Freilassungen ständig zu. Die Schicht der Freigelassenen wuchs. Sie gewann in
allen Bereichen der Wirtschaft an Einfluß. Mancher hatte mit
Glück und Können, aber auch mit Verschlagenheit seine Skla-
venjahre so genutzt, daß er bereits bei seiner Freilassung als
gemachter Mann dastand. Je vertraulicher sein Herr mit ihm
umging, desto aussichtsreicher war sein Weg in die Freiheit.
Der Sklavenhalter brauchte, gerade wenn er einen Begabten
entließ, noch nicht auf seine Dienste zu verzichten. Er konnte
ihn zum Geschäftsteilhaber machen. Sklaven, die Rechnungsführer gewesen waren, wurden Gutsverwalter und Ladeninha-
ber. Gebildete Freigelassene, die nicht nur lesen und schreiben
konnten, sondern auch die Gesetze kannten, übernahmen einen
beträchtlichen Teil der Bürde, während ihr ehemaliger Herr
mehr die Würde seines Amtes zur Schau trug. Am weitesten
brachten es Freigelassene aus dem Haushalt der Kaiser. Denn
wie der Kaiser den Ersten Senator und Ersten Bürger Roms
darstellte, war sein Haushalt der oberste Haushalt des Reiches.

Augustus hatte den zweiten Bürgerkrieg für sich entscheiden
können. Die Gefahr, daß er wieder aufflackerte, schien ge-
bannt. Die Senatsaristokratie erholte sich nicht von den Schlägen, die beide Bürgerkriege ihr versetzt hatten. Aber der Streit
zwischen alten senatorischen Familien und Neureichen um das,
was die Sklaven erwirtschafteten, ging wie ein kalter Bürgerkrieg weiter. Man machte aus Politik Geld und aus Geld Politik. Der Kaiser beschränkte den Einfluß des Senats darauf,
seinen Maßnahmen zuzustimmen. Er füllte seine Reihen mit
Getreuen auf, deren Akklamationen Schwankende mitrissen.
Opposition zog Verfolgung nach sich. Die Annalen der frühen Kaiserzeit sind voll von Hinrichtungen. Ein in allem ge-
fälliger Senat sollte den Anschein erwecken, die Republik
lebe fort, eine Monarchie sei niemals eingeführt worden. Doch
die Huldigungen Getreuer und das Stillhalten der Widersa-

cher nahmen dem Ersten nichts von der Last der Regierungs-
geschäfte. Können war unter den Gefolgsleuten der Willkür
schon immer selten. Wer noch der Adelsrepublik nachhing,
mochte sich mit Gefügigkeit tarnen; er hütete sich aber, dem
Kaiser mit Rat und Tat zur Seite zu stehen. Augustus hatte
fast alle wichtigen Staatsämter an sich gebracht. Im Bemühen,
ihren Verpflichtungen nachzukommen. zermürbte er, zwischen
Schmeichelei und Verweigerung gestellt, sich und andere. Sein
Vermächtnis war von Kompromissen, Halbheiten und Fehl-
schlägen gezeichnet.

Was die Geschichtsschreibung über Tiberius (14–37 u. Z.),
seinen ersten Nachfolger, berichtet, läßt ahnen, daß dieser
wortkarge, rätselhafte Mann an der Bürde dieses zwiespältigen Vermächtnisses nahezu verzweifelte. Die letzten zehn
Jahre, fast die Hälfte seiner Herrschaft, verbrachte er auf der
Insel Capri. Er regierte das Weltreich, so gut es von dort aus
ging. Jeden Versuch, in die Hauptstadt zurückzukehren, brach
er ab, angewidert von ihrem Weichbild. Sein Bevollmächtigter
in Rom war einige Jahre lang der Präfekt der Prätorianergarde Sejanus. Der Befehl über die persönliche Schutztruppe
des Kaisers war zur zweiten Machtposition in Rom geworden.
Der Prätorianerpräfekt schützte den Kaiser nicht nur, er
konnte ihn auch überwachen. Platon sollte recht behalten: Was
einer bewacht, das kann er auch stehlen. Nicht die blutige
Schreckensherrschaft dieses Stellvertreters veranlaßte Tiberius,
ihn zu beseitigen, sondern erst sein Versuch, sich selbst zum
Kaiser zu machen.

Die vier Jahre, in denen Caligula (37–41 u. Z.) herrschte,
sind geprägt von Greueln, wie sie nur das irrwitzige Erstau-
nen eines überreizten jungen Mannes über so unumschränkte
Macht ausbrüten konnte. Die sittliche Verkommenheit führen-
der römischer Familien fand in seiner abstrusen Willkür und
sexuellen Perversität einen gebührenden Repräsentanten. Caligula scheute sich nicht mehr, wie noch Augustus, die Mühen
des Regierens zu einem Teil seinen Freigelassenen zu übertragen, um desto ungezügelter seinen Vergnügungen nachzugehen.

Er wurde umgebracht. Im Erschrecken über die giftigen

Blüten, die das süße Leben auf dem Kaiserthron trieb, waren sich Senatsadel und Geldnobilität einig. Es riet den Herrschenden, nun einen Pedanten an ihre Spitze zu setzen. Claudius (41–54 u. Z.), bereits betagt, war zwar entschlossen, das Amt des Ersten sehr ernst zu nehmen. Aber er konnte sich nur schwer von seiner früheren Lebensweise trennen. Nichts trieb er lieber, als in Bibliotheken zu wühlen und selbst gelehrte Abhandlungen zu diktieren. Das Rechnen und den Schreibkram, das Verhandeln und Inspizieren, die Bearbeitung von Gesuchen und Beschwerden, die Überwachung der staatlichen Gelder übertrug er nach und nach seinen Freigelassenen. Die Fähigsten unter ihnen erlangten bald den Einfluß von Ministern, und der Kaiser ließ sich von ihnen beraten wie in einem Kabinett. Senatoren patrizischer Abkunft mußten von ihnen Bevormundungen und Maßregelungen hinnehmen. Nicht selten erfuhren sie von Liebesverhältnissen ihrer Frauen mit solchen Emporkömmlingen, nicht zu reden von den phantastischen Vermögen, die kaiserliche Freigelassene meist nicht einmal verheimlichten.

So weit brachte es ein Freigelassener zwar nicht ohne Begabung und Können. Aber der Tüchtigste scheiterte, gefiel er nicht seinem Herrn mit allem, was er tat und dachte. Abhängige ziehen gerade aus Schwächen und Verkehrtheiten ihrer Herren den größten Nutzen. Am weitesten brachte es, wer seine Fähigkeiten durch Schmeichelei ergänzte, jede Zumutung einsteckte und sich auch den abwegigsten Wünschen gefügig machte. Die alte Oberschicht verfiel, aber die neue, die der Verfallsprozeß ausbrütete, trug allen Unrat, mit dem sie in der Unfreiheit besudelt worden war, hinaus in ihre zweifelhafte Freiheit, schleppte den Verwesungsgeruch weiter.

Mittellose oder bedürftige Freigeborene jedoch, seit langem Roms Sorgenkinder, gerieten in noch tieferes Elend. Nur mit eigener Hände Arbeit war in Rom kaum noch das tägliche Brot zu verdienen. Wer nicht genug besaß, um wenigstens einen Sklaven zu verköstigen, mußte sich als Lohndiener verdingen, dieselbe Arbeit wie ein Sklave verrichten, und für die meisten dieser Arbeiten waren schon Sklaven da. Das

Heer der »proletarii«, mittelloser römischer Bürger, die keine passende Arbeit fanden oder für niedere Dienste zu stolz waren und auf öffentliche Kosten ernährt wurden, wuchs stetig. Lockerungen in der Vergabe des Bürgerrechts ließen den Zustrom zur Hauptstadt anschwellen. Aber nicht nur Plebejer, sondern auch Abkömmlinge einstmals wohlhabender Adelsgeschlechter sanken mitunter auf die tiefste Stufe der Freien. Träger angesehener Namen konnten sich in der Schlange wiederfinden, die auf eine kostenlose Kornverteilung wartete.

Zwar versuchten die Kaiser sich nach den Dezimierungen während der Bürgerkriege mit dem Patriziat auszusöhnen und bewahrten manche Familie durch Schenkungen vor dem Absturz. Aber das erforderte Loyalität. Sich auf bescheidener Stufe in Rom zu halten wurde immer schwieriger. Die Waren des täglichen Bedarfs verteuerten sich, die Mietpreise stiegen von Jahr zu Jahr. Junge Menschen, denen die Eltern noch gute Manieren, Bildung und Geschmack hatten vermitteln können, trieben sich, auf der Flucht vor Gläubigern, gerichtlicher Anklage, persönlichen Feinden, mittellos oder bedürftig in den Städten Italiens herum, versuchten hier etwas hinzuzulernen, dort als Hauslehrer etwas zu verdienen, lernten zu betrügen, mußten an den Tafeln reicher Emporkömmlinge schmarotzen wie Encolpius und seine Gefährten.

3. Ein Kaiser und seine Berater

Zu den hoffnungsvollsten Maßnahmen beim Regierungsantritt Neros (54 u. Z.) gehörte, daß er mit der Freigelassenenwirtschaft des Claudius aufräumte. In diese Zeit führt auch das Lebenszeugnis über einen Titus (oder Gajus) Petronius, der als Berater Neros in Fragen des feinen Geschmacks (elegantiae arbiter) den Beinamen »Arbiter« getragen haben könnte. Der römische Geschichtsschreiber Tacitus berichtet über das Ende dieses Petronius im XVI. Buch seiner »Annalen«, Kapitel 17 bis 20:

»(17) Innerhalb weniger Tage vernichtete ein Schlag zugleich Annaeus Mela, Cerialis Anicius, Rufrius Crispinus und T. Petronius . . . (18) Um über Petronius zu berichten, muß ein wenig zurückgegriffen werden. Den Tag verbrachte er schlafend, bei Nacht ging er seinen Obliegenheiten und dem Lebensgenuß nach. Und wie andere durch Geschäftigkeit, so hatte er durch Müßiggang von sich reden gemacht. Aber er galt nicht als Prasser und Verschwender wie die meisten, die ihr Vermögen durchbringen, sondern als ein Mann, der sich in maßvollen Genüssen auskannte. Je ungezwungener seine Worte und Taten waren, je leichtfertiger er damit auch sich selbst gegenüber wirkte, um so bereitwilliger sah man darin den Ausdruck seines freimütigen Wesens. Als Prokonsul in Bithynien jedoch und gleich darauf als Konsul bewies er Tatkraft und war seinen Aufgaben vollauf gewachsen. Danach überließ er sich wieder seinen Untugenden; es mag sein, daß er diese Untugenden nur vortäuschte. Als Berater in Fragen des feinen Geschmacks gehörte er zum engsten Kreis von Neros Vertrauten, solange dieser nichts anderes für schön und genußreich ansah als das, was ihm Petronius empfohlen hatte. Daher rührte die Mißgunst des Tigellinus, der sein Gegner wurde, weil er in ihm einen Rivalen erblickte, der über gründlichere Erfahrungen in den Lüsten verfügte. Also wandte er sich an die Grausamkeit des Ersten, hinter der alle seine Leidenschaften zurücktraten, und unterstellte Petronius freundschaftliche Beziehungen zu Scaevinus. Einem Sklaven entlockte er durch Bestechung eine Anzeige. Er vereitelte jegliche Verteidigung und ließ den größten Teil seiner Sklaven in Ketten fortführen.

(19) Gerade in diesen Tagen war der Kaiser nach Campanien gereist. Petronius gelangte bis Cumae. Dort hielt man ihn hin. Langes Schwanken zwischen Hoffnung und Furcht ertrug er nicht. Dennoch schied er nicht überstürzt aus dem Leben. Sondern nachdem er sich die Adern aufgeschnitten hatte, ließ er sie, wie es ihm beliebte, wieder verbinden und abermals öffnen und führte dabei Gespräche mit Freunden, nicht etwa solche über ernsthafte Dinge oder um damit den Ruhm der

Standhaftigkeit zu erlangen. Er hörte ihnen auch zu, aber aus der Unsterblichkeit und den Lieblingsthemen der Weisen machte er sich nichts. Sondern leichte Gesänge und geschmeidige Verse verlangte er. Einen Teil seiner Sklaven beschenkte er freigiebig, andere ließ er auspeitschen. Er begab sich zum Essen und überließ sich dem Schlaf, damit sein Tod, obgleich erzwungen, den Anschein des Zufalls trage. Er verfaßte nicht wie die meisten, die vor ihm den Tod gefunden hatten, ein Testament mit Schmeicheleien gegenüber Nero oder Tigellinus oder irgendeinem anderen Einflußreichen. Statt dessen schrieb er alle Gemeinheiten des Ersten mit den Namen der beteiligten Lustknaben und Weiber auf und schilderte jede neuartige Unzucht. Das sandte er versiegelt an Nero ab. Den Siegelring zertrümmerte er, damit er hernach niemandem dazu dienen konnte, andere in Gefahr zu bringen.

(20) Als Nero darüber nachsann, woher die Erfindungen seiner Nächte hatten bekannt werden können, fiel ihm Silia ein, die, als Gemahlin eines Senators nicht unbekannt, von ihm zu jederlei Vergnügung genötigt worden war und zu Petronius in einem überaus vertrauten Verhältnis stand. Er schickte sie, um seinem Haß zu genügen, in die Verbannung, als hätte sie über das, was sie gesehen und erduldet, das Schweigen nicht gewahrt.«

Das geschah im Jahr 66 u. Z. Tacitus erwähnt nichts von einer schriftstellerischen Tätigkeit dieses Mannes. Aber auch über Lucanus spricht er ohne jeden Hinweis auf dessen Dichtungen. Ob dieser Petronius der Verfasser der »Satyrgeschichten« gewesen ist, wurde nie bewiesen. Doch Themen und Milieu des Werkes gehören in die Mitte des 1. Jahrhunderts, und die Charakteristik des Tacitus paßt so gut zu einer Persönlichkeit, die es geschrieben haben könnte, daß Zweifel kaum noch möglich sind.

Petronius war also nicht nur Dichter, sondern auch Staatsmann. Sein Name ist der einer alten Senatorenfamilie. Es mag verwundern, daß der Kaiser, der wie seine Vorgänger seine Macht auf eine Begünstigung der Plebejer stützte, so vertrauten Umgang mit einem Sprößling des Senatsadels pflegte, dem er zutiefst mißtraute. Aber die kaiserlichen Familien der Julier und Claudier gehörten, so hartnäckig sie das Patriziat zu demütigen versuchten, selbst zu den Patriziern, und Nero maß dem mehr Bedeutung bei als seine Vorgänger. Die Familie der Petronier wird die Jahrzehnte seit Augustus nicht ohne qualvolle Verfolgung überstanden haben. In den »Satyrgeschichten« beweist Petronius eine Vertrautheit mit dem Vagabundenleben mittelloser Freier, wie man es in der ungestörten Obhut einer vornehmen Familie kaum erwirbt. Vielleicht hat er selbst nach einem katastrophalen Übergriff kaiserlicher Willkür Jahre sozialer Entwurzelung durchlebt.

Irgendwann tritt er als begabter Dichter in Erscheinung, der die literarischen Ausdrucksmöglichkeiten seiner Zeit souverän beherrscht. Seine Amtsjahre als Prokonsul in dem kleinasiatischen Landstrich Bithynien und als Konsul dürften noch vor Neros Regierungsantritt anzusetzen sein. Die »Annalen« des Tacitus, die für jedes Jahr die amtierenden Konsuln nennen, erwähnen keinen Konsul dieses Namens, weisen aber in den Jahren 37 bis 47 u. Z. eine Textlücke auf. Auch das Geschichtswerk des Cassius Dio kennt keinen Konsul Petronius. Es ist anzunehmen, daß der Dichter als »nachträglich ernannter« Konsul (consul suffectus) amtierte, so daß er nicht die Ehre genoß, nach römischem Brauch einem Jahr seinen Namen zu geben. Schließlich macht sich Petronius als Ratgeber in Fragen des guten Geschmacks Nero unentbehrlich. Wer solche Fähigkeiten in sich vereinigt, muß von den Eltern oder einem Vormund eine gediegene Bildung und Erziehung erhalten haben. Verlor er die elterliche Zuwendung, kann er nicht ohne die Förderung einer einflußreichen Persönlichkeit ausgekommen sein. Gerade der Wechsel des Milieus, die Vielfalt der Erfahrungen mag ihm eine unauslöschliche Schule erlesener Lebensart geboten haben.

Erlesene Lebensart aber war in dieser Zeit, in der die verschwenderischsten und abwegigsten Genüsse Mode wurden, in der ein Verfall der Genußfähigkeit brutalste Genußsucht nach sich zog, nicht so sehr eine Frage des üppigen Aufwands als des raffinierten Maßes und der geschickten, erfahrenen Auswahl. Seit der Niedergang der Republik den begüterten Römer mehr und mehr dem Müßiggang überantwortet hatte, war die Gepflogenheit aufgekommen, sich über eine passende Lebensart bei der griechischen Philosophie Rat zu holen. Die stoische Philosophie, deren Lehrmeinungen das Denken der Senatsaristokratie beherrschten, suchte einen Seelenfrieden auf asketischem Weg durch einen Kult der Vernunft, durch Abstumpfung der Sinne, durch Selbstbeherrschung bis zur Selbstvergewaltigung. Stoischer Gleichmut empfahl sich lange als Durchhaltephilosophie für Soldaten und Politiker. Römischer Sinn für Sparsamkeit und Härte gegen sich und andere vertrug sich damit sehr gut. Die Lehren des griechischen Philosophen Epikur (342/41–271/70 v. u. Z.), die das Wohlbefinden des Menschen von einer klug bemessenen Befriedigung seiner natürlichen Bedürfnisse abhängig machten, waren dagegen ständig Verunglimpfungen ausgesetzt; die Verfälschungen, die sie durch einige der begütertsten Familien, darunter die kaiserliche, erfuhren, indem sie als Rechtfertigung eines verschwenderischen Haushalts herhalten mußten, schadeten ihrem öffentlichen Ansehen. Epikur riet, den Sinnen zukommen zu lassen, was sie verlangen, Überreizungen und Überangebote jedoch zu vermeiden, weil sie in der Bilanz mehr Schmerz als Lust verursachen. Enthaltsamkeit empfahl auch Epikur, aber mit dem Ziel, die Fähigkeit zum Genuß zu erhalten.

Petronius wußte offenbar zwischen den echten Lehren Epikurs und ihren vulgären Verzerrungen subtil zu unterscheiden. Am Ende jeder Völlerei, jeder Orgie standen Überdruß und Langeweile, die nach neuen, immer gekünstelteren Sinnesreizen verlangten. Überladene Architektur begrub sich unter dem eigenen Zierat. Allzu ausgedehnte und prunkvolle Zirkusspiele ermüdeten die Zuschauer. Literatur, die um jeden Preis neu und überraschend sein wollte, höhlte sich selbst aus. Wer da Abhilfe wußte, wurde, er mochte kommen, woher auch immer, zum gesuchten Fachmann in Geschmacksfragen.

Julia Agrippina, die stolze und schöne Urenkelin des Kaisers Augustus, bereitete den Regierungsantritt ihres Sohnes

Nero von sehr langer Hand vor. Sie hielt es mit denen, die dafür sorgten, daß die öffentliche Meinung die erotischen Abenteuer Messalinas, der Gemahlin des Claudius, nicht länger ertrug. Die kaiserliche Nymphomanin wurde ertappt und hingerichtet. Agrippina gelang es auch, aus der Brautschau ihres nunmehr verwitweten Onkels als Siegerin hervorzugehen. Claudius ehelichte sie, adoptierte Nero, ihren Sohn aus erster Ehe, und ließ ihn seine Tochter Octavia heiraten. Agrippinas Überredungskunst und die Geistestrübungen des greisen Kaisers müssen dabei einander zugearbeitet haben, denn so schwanden für Britannicus, des Claudius eigenen Sohn, alle Aussichten auf die Kaiserwürde dahin. Claudius starb schließlich an einer Pilzmahlzeit, deren Zubereitung Agrippina nicht unbekannt gewesen sein dürfte.

Aber diese Intrigantin wollte nicht nur ihren Sohn als Kaiser sehen, sondern auch, diesen Ehrgeiz darf man ihr nicht absprechen, den Römern endlich einen guten Herrscher geben. Die tüchtigsten und gescheitesten Männer, deren sie habhaft wurde, machte sie zu Erziehern Neros. Den Philosophen Seneca rief sie eigens aus seiner korsischen Verbannung zurück. Er kannte die Tugendlehren der Stoa so gut wie die Staatslehren des Platon und des Aristoteles und hatte unter Tiberius eine Ämterlaufbahn begonnen, verfügte also sowohl über Kenntnisse als auch über Erfahrungen in der Staatskunst. Burrus, ein bewährter, redlicher Militär, dem sie noch zu Lebzeiten des Claudius den Befehl über die Prätorianergarde verschaffte, kümmerte sich um Neros Befähigung zum obersten Kriegsherrn des Reiches.

Nero zeigte sich anfangs erfreulich gelehrig. Mit dieser demonstrativ guten Erziehung führte ihm Agrippina beizeiten die Gunst sowohl der plebejischen als auch der patrizischen Römer zu. Für seinen Regierungsantritt weckte sie Hoffnungen, denen selbst betagte Skeptiker nicht widerstehen konnten. Die Eintracht der Stände schien gesichert. Jeder seiner Vorgänger hatte auf die ihm eigene Weise versagt. Nun sollte die neue, von Augustus geschaffene Herrschaftsform, die seit einem dreiviertel Jahrhundert gegen das tiefverwurzelte Mißtrauen der Römer anzukämpfen hatte, aber auch nicht wieder abgeschafft werden konnte, eine maßvolle prächtige Blüte treiben, die sie für alle Römer annehmbar machte und den kalten Bürgerkrieg unter ihnen beendete.

Als Nero mit siebzehn Jahren Kaiser wurde, verwandelten sich seine Erzieher in Berater. Die ersten Maßnahmen, noch unter ihrer Anleitung getroffen, waren so besonnen und populär, daß überschwengliche Gemüter frohlockten, das neue Goldene Zeitalter, das unter Augustus ausgeblieben war, breche nun doch an. Besonders die Künstler fühlten sich auf einmal verstanden und sahen sich gefördert, denn Nero war den Künsten aufgeschlossen, suchte seine Vergnügungen in kunstvoller Atmosphäre, besaß eine Künstlernatur. Und er war jung. Da ihm alle so zujubelten, behielt er die Gedichte, die er selbst machte, nicht lange für sich.

Petronius war Agrippina als ein Mann mit den besten Umgangsformen und zugleich mit den abenteuerlichsten Erfahrungen aufgefallen, als Kenner der echten Epikureischen Philosophie, als Liebhaber der Künste, auf dessen Urteil man sich verlassen konnte, als Literat, der es nicht darauf anlegte, Bekanntes um den Preis des Krampfigen auf unerhört neue Weise zu sagen, sondern lieber bewährte Formen pflegte und für neue Aussagen erschloß. Vielleicht brillierte er in ihrem Kreis mit bukolischen und epischen Gedichten, die sich an Vergil geschult hatten. In den »Satyrgeschichten« sind fragmentarische Kostproben zu entdecken. Die Neigung zur Satire veranlaßte ihn wohl, in den verhaltenen Chor der Spötter einzustimmen, deren bissiger Hohn Claudius als gefügiges Werkzeug seiner Freigelassenen geißelte. Charakteristische Züge, die tölpelhafte Bildungsbeflissenheit bei Tisch etwa, die Vernarrtheit ins Würfelspiel, die ständige Berufung auf Homer, hat der Freigelassene Trimalchio mit Claudius gemeinsam. Seine Auslassungen über Verdauungsprobleme spielen unverkennbar auf ein Edikt an, mit dem Claudius entsprechenden Geräuschen an seiner Tafel mehr Freizügigkeit verschaffen wollte. Der Dichter konnte dem verhaßten Kaiser in den Augen freigeborener Römer keinen größeren Schimpf antun, als einen schwammigen Freigelassenen in der Provinz mit seinen persönlichen Marotten auszustatten. Damit hatte er die Lacher auf seiner Seite, gewiß auch den jugendlichen Nero. Seneca verlieh dem angestauten Unmut gegen den vertrottelten Kaiser mit seiner »Apokolokyntosis« (Verkürbissung statt Vergöttlichung) des Claudius nach dem Giftmord drastischen Ausdruck. Ihr hämischer, gehässiger Ton dürfte aber nicht nach dem Geschmack eines Petronius gewesen sein.

Versteift man sich nicht darauf, Petronius hätte sein Werk in einem Zug niedergeschrieben, hält man statt dessen offen, er habe es womöglich mehrmals angefangen, nach einer Zeit umgeschrieben, mit neuen Erfahrungen und frischem Wirklichkeitsbezug angereichert, vielleicht unvollendet hinterlassen, so darf man in seinen literarischen und zeitgeschichtlichen Bezügen verschiedene Schichten voraussetzen. Das Vorbild Vergils und anderer zu seiner Zeit bereits als »klassisch« empfundener Autoren und die satirische Invektive auf Claudius wären dann die früheste Stufe.

Agrippinas Erzieherkollegium ist nicht vollzählig überliefert. Es liegt nahe, daß Petronius seine Beraterrolle schon als Erzieher vorbereitet hat. Für Nero war feiner Geschmack zunächst eine vorrangig künstlerische Angelegenheit. Niemand sah einen Zusammenhang dieses Ressorts mit der Politik. Aber je mehr Petronius auch die Vergnügungen des kaum erwachsenen Kaisers zu überwachen hatte, desto deutlicher sah er, welch weitreichende Bedeutung Lust und Unlust, Begehren und Genuß für seine Regierungsweise erlangten. Der Stoiker Seneca und der nüchterne Waffendiener Burrus mochten das lange anders wissen wollen. Aber als sich herausstellte, daß ein Kaiser auf seine Berater weniger hört als auf seine Erzieher, war es zu spät.

Es ist kaum zu ermitteln, wie lange der eine oder andere dieser Männer sich Illusionen über den neuen Herrscher hingab, wie hoch das Maß an schweigsamer Duldung beginnenden Machtmißbrauchs war, wieviel Mitschuld sie in der Hoffnung, bessernden Einfluß zu behalten, übernahmen. Daß Agrippina den neuen Kaiser gemacht hatte, war ihr zu danken, wenn aber Nero sich immer heftiger ihre Einmischung in die Regierung verbat, mußte man ihm zustimmen. Neros Mutter fühlte sich zurückgesetzt; um ihn zu ärgern, wandte sie ihre Gunst plötzlich Britannicus zu. Die Vergiftung dieses unliebsamen Rivalen an Neros Tafel zu verhindern, sah man keinen Grund. Neros Benehmen danach verstieß allerdings grob gegen den guten Geschmack und ließ Augenzeugen erschauern. Die Vorliebe des kaiserlichen Jünglings für Kneipen und Bordelle, Theaterleute und Gestalten der Halbwelt mußte jeder, der ihm noch wohlwollte, anstößig und gefährlich finden. Man kann sich Petronius kaum als Komplizen seiner nächtlichen Sauftouren durch Roms Spelunkenviertel denken. Eher paßt er auf die Seite derer, die viel aufboten, um solchen Gelüsten Grenzen zu ziehen. Einem Bürger gelang es einmal, unerkannt den randalierenden Kaiser zu verprügeln. Er hat schwerlich ohne den Schutz von Auftraggebern gehandelt, die unter Neros ehemaligen Erziehern zu suchen sind. Dorther kam vermutlich auch der Kunstgriff, Nero die unwiderstehliche Freigelassene Acte zuzuführen. Seine Ehe mit Octavia war ohne Liebe geschlossen und blieb kinderlos. Ihre sexuelle Einöde war es, die den lüsternen jungen Herrscher auf die Gassen trieb. Seneca mochte weiterdozieren, soviel er wollte – Caligula hatte vorgelebt, daß der Erste Bürger sich zunächst einmal alles erlauben durfte. Dann erst brauchte er an die Verantwortung für Rom zu denken, und überhaupt tat er besser daran, solche Sorgen Leuten zu überlassen, die den Kopf dafür hatten.

59 u. Z. veranlaßte Nero die Ermordung Agrippinas. Seneca versuchte diesen Muttermord vor dem Senat in einer gewundenen Rede als für das Wohl des Staates notwendig hinzustellen. Was Petronius dazu dachte, wissen wir nicht. Burrus starb 62 u. Z.; der Kreis der Berater war zerbröckelt. Nero vereitelte Senecas Versuch, sich zurückzuziehen. Aber er fragte ihn kaum noch. Ein kluger Mann, von dem man sich ganz trennt, kann ein gefährlicher Feind werden. Daß Seneca und Petronius sich als Verbündete verstanden hätten, ist wenig wahrscheinlich. Eine gewisse phrasenhafte Doppelzüngig-

keit, die einen Petronius an Seneca gestört haben muß, ist in den »Satyrgeschichten« Trimalchio und Eumolpus eigen. Eine tiefe Abneigung trennte die beiden Literaten. Tacitus erwähnt sie nicht, stilisiert sie aber in der Gegenüberstellung ihres erzwungenen Selbstmordes: Seneca führt mit Freunden feierliche Philosophengespräche, Petronius gibt ein Fest.

Nero schart, kaum daß er sich seinen Beratern entwunden hat, neue Freunde um sich, die ihm mehr behagen, weil sie alles gutheißen, was er sagt und tut. Spannungen zwischen Petronius und Seneca haben ihm die Flucht aus ihrer Obhut erleichtert. Was ist für den Ersten einfacher, als zwei lästige Mahner und Warner, die sich aus dem Wege gehen, gegeneinander auszuspielen. Ein Nachtschwärmer wie Otho, dem die Geschichte nach Neros Ende für ein paar Monate die Kaiserrolle vorbehält, Wagenlenker, Schmierenschauspieler und Dichterlinge bieten eine viel bequemere Geselligkeit. Sie leisten keinen Widerstand, wenn Nero seine dilettantischen Verse ausposaunt, als Tragöde zur Kithara singt, sich an Wagenrennen im Circus Maximus beteiligt. Durch Otho wird Nero mit Poppaea Sabina bekannt. Die spröde Dame mit aufregender Vergangenheit weckt seine Leidenschaft. Durch erotische Wechselbäder zwischen heißer Hingabe und eisiger Verweigerung bringt sie ihn dahin, Octavia zu verstoßen und ermorden zu lassen. So wird sie Kaiserin. Während einer Schwangerschaft stirbt sie an den Verletzungen, die ihr der betrunkene Gatte mit einem Tritt in den Bauch beigebracht hat.

Für einen Petronius ist längst kein Platz mehr in Neros Nähe. Schon die ersten halböffentlichen Auftritte des Kaisers als Dichter und Sänger müssen in seinen Ohren abscheulich geklungen haben. Neros Verse waren ungelenk und gekünstelt; gesuchte und abwegige Metaphern gefielen ihm. Das Gedicht in Kapitel 5 der »Satyrgeschichten« klingt wie eine Replik auf die Mode, der Nero folgte und die er mitbestimmte. Am bekanntesten wurde Neros Dichtung über den Untergang Trojas. Das Fragment in Kapitel 89 war vielleicht eine letzte freundliche Erinnerung an den guten Geschmack.

In seinem Bericht muß Tacitus über Petronius »zurückgreifen«, als wäre der Mann zum Zeitpunkt seiner Denunziation schon fast vergessen gewesen. Jahre eines behutsamen Rückzuges mochten vergangen sein. Wie Seneca hatte er sich für Anfragen bereitzuhalten, aber Nero machte kaum noch Gebrauch davon. Lebensgefährlich war diese Entfremdung noch nicht, denn Nero gefiel sich in gönnerhafter Großmut gegenüber früheren Freunden und Lehrern. Aber seine neuen Günstlinge belauerten und bespitzelten die kaltgestellten Berater. Gardepräfekt war seit 62 u. Z. der berüchtigte Ofonius Tigellinus, nach Tacitus ein »Mensch von dunkler Herkunft«. Über seine militärischen Aufgaben hinaus traute dieser Mann sich zu, Neros Festlichkeiten auszurichten. Ein gewisser Patrobius gar, der spätestens 66 u. Z. den Bereich des Petronius übernahm, war Freigelassener. Überhaupt tummelten sich die Freigelassenen wieder in den Kanzleien wie zu Zeiten des Claudius. Sie sahen weniger Grund zum Widerspruch; römische Traditionen lagen ihnen nicht sonderlich am Herzen. Bei seiner großen Griechenlandreise ließ Nero sich durch einen Freigelassenen auf dem Palatin vertreten.

Daß Petronius wirklich in die gescheiterte Verschwörung der Senatoren Piso und Scaevinus (65 u. Z.) verwickelt war, ist auszuschließen. Diese Leute dachten verworren und handelten unschlüssig. Sie erwogen, die Adelsrepublik wiederherzustellen. Petronius hingegen hatte die unvermeidliche Kaiserherrschaft mit den Mitteln der Kunst, des feinen Geschmacks humanisieren wollen. Damit war er bereits wenige Jahre nach Neros Regierungsantritt gescheitert. Die beiden geschiedenen Freunde mochten es dahingestellt bleiben lassen, wer wen überlebte.

Doch die neuen Günstlinge hatten ständig zu fürchten, daß sie für Fehlschläge in der Politik des Ersten zur Rechenschaft gezogen und fallengelassen würden. Tigellinus fürchtete die überlegene Urteilskraft eines Petronius. Nero konnte er vielleicht etwas vormachen, ihm nicht. Solange Petronius lebte, wurde er die Angst vor dem Versagen nicht los. Kaum war die Pisonische Verschwörung aufgedeckt, bot die angstschlot-

ternde Rachgier des Kaisers willkommene Gelegenheit, einen
Mann, dessen Vorzüge noch jedem bekannt waren, dessen un-
trüglicher Geschmack immer wieder beschämend wirkte, aus
der Welt zu schaffen.

4. Der Satyr und die Satire

Umrisse eines widerspruchsvollen Menschen, schillernde Splitter eines zum überwiegenden Teil verlorenen Werkes: es verwundert nicht, wenn lange bezweifelt wurde, ob Petronius
eine Satire geschrieben, ob er an den Zuständen seiner Zeit
bewußt Kritik geübt habe. Der Titel »Satyricon« (auch »Saty-
rica«, »Satiricon«, »Satirica«) lockt auf zwei scheinbar verschiedene Fährten. Er erinnert an die Satyrn, menschenähnliche
mythische, den Nymphen nachstellende Waldwesen, die noch
einen Rest Tierhaftigkeit, aber auch schon einen Anflug von
Göttlichkeit haben und es allenthalben, besonders erotisch,
treiben, wie es ihnen beliebt. Satyrspiele lockerten die Stimmung der Zuschauer nach griechischen Tragödien auf. Sie
wollten nichts als erheitern. Die Satire hingegen, die Quinti-
lian als eigenständige römische Gattung bezeichnete, verfolgte
moralkritische Absichten. Von den Verssatiren, die Ennius,
Pacuvius und Lucilius schrieben, sind nur Zitate und Bruchstücke erhalten. Erst die Satiren des Horaz lassen die Gestalt
dieser Gattung auf einer freilich schon sehr gereiften, von griechischer Verskunst beeinflußten Stufe erkennen. Das Werk des
Petronius läßt sich damit kaum vergleichen. Aber formal war
die antike Satire breit gefächert. Ursprünglich bedeutet »sa-
tura« eine Schüssel, gefüllt mit verschiedenen Leckerbissen.
Moralkritische Satiren, in denen Verse und Prosa vermischt
waren, hatte Varro in den letzten Jahren der Republik geschrieben. Aber davon sind nur Splitter erhalten. Er folgte
dem Vorbild des hellenisierten Syrers Menippos aus Gadara
(etwa 340–270 v. u. Z.). Seneca benutzte dieselbe Form für
seine »Apokolokyntosis«.

Das Werk des Petronius ähnelt mit seiner Mischung von

Versdichtung und Prosa nur äußerlich der Menippeischen Satire. Es lebt auch von Elementen des griechischen Liebes- und Reiseromans. Die eingestreuten Novellen erinnern an die »Milesiaka«, eine Geschichtensammlung des Griechen Aristeides, die zu Beginn der Kaiserzeit von Sisenna ins Lateinische übersetzt worden war. Die Situationskomik einiger Szenen ist der Komödie, mehr noch dem Mimus, einem römischen Schwank, verpflichtet. Da episches Erzählen überwiegt, bietet es sich an, von einem »satirischen Roman« zu sprechen. Die nahezu realistische Darstellung Trimalchios und seines Milieus scheint sogar zu einem Vergleich mit dem bürgerlichen Gesellschaftsroman des 19. Jahrhunderts zu ermuntern. Dieser anachronistische Vorgriff böte aber ein Beispiel dafür, zu welchen Trugschlüssen es führt, ein Werk nur von der Gattungsfrage her zu erschließen. Der antike Roman unterscheidet sich von seinem modernen Nachfolger ebenso wie die beiden mehr als anderthalb Jahrtausende getrennten Gesellschaften, und gerade er gerät von allen Gattungen, die Petronius mischt, am deutlichsten in den Tonfall der Parodie. Wie der antike Roman in römischer Zeit ausgesehen hat, zeigt der vollständig erhaltene »Goldene Esel« des Apulejus. Er hat nichts von der Vielfalt literarischer Anspielungen, die bei Petronius erkannt worden sind. Vergleichsmöglichkeiten zu moderner Literatur ergeben sich einfach daraus, daß Emporkömmlinge in den unterschiedlichsten Gesellschaftsordnungen einander so ähnlich bleiben. Die Verwandtschaft der Gegenstände erzeugt verwandte Züge in zwei sonst sehr unterschiedlichen Erzähltechniken. Die Kapitel über das Gelage bei Trimalchio bedienen sich mehrerer Gemeinplätze antiker Gastmahlsliteratur von Platon bis Horaz und spitzen sie auf komische Effekte zu. Auch der heroischen Versepik werden ironische Reverenzen erwiesen; Vergil gerät in die Verfremdung ironisierender und sarkastischer Zitate. Ein Fluch des Priapus, des aus Kleinasien stammenden Fruchtbarkeitsgottes, der in ländlichen Gegenden mit übergroßem, aufgerichtetem, rotbemaltem Phallus die Gärten bewachte, wird bemüht, um die fatale Impotenz des Encolpius zu erklären, als ließe er sich dem Fluch des Poseidon an die

Seite stellen, dem Homers Odysseus seine Irrfahrten verdankt. Aus alldem ist immer wieder geschlossen worden, Petronius habe es auf nichts als unverbindliche Belustigung abgesehen, indem er schildert, wie es die Satyrn treiben. Aber der Satyr und die Satire brauchen einander nicht auszuschließen. Petronius kann die Klangverwandtschaft benutzt haben, um eine Begriffsverwandtschaft freizulegen. Wer schildert, wie die Satyrn es treiben, wird zum Satiriker. Aus dem ungezwungenen, ungekünstelten Verhältnis dieser Wesen zu ihrer Umwelt, aus ihrem übermütigen Gebaren gewinnt er eine unvoreingenommene Optik, ihr Mangel an Integration rückt die Verhältnisse in die Perspektive der Kritik. Satyrgeschichten, wie Petronius sie schreibt, sind auch satirische Geschichten.

Doch indem er sich schlechthin über alles lustig macht, scheint er jedes Bündnis mit dem Leser auszuschlagen. Er braucht eine Sache nur aufzugreifen, und sie wird lächerlich. Es genügt, sie einem lächerlichen Menschen in den Mund zu legen. Agamemnons Klagen über den Verfall der Redekunst stimmen überraschend mit dem überein, was später Tacitus in seinem »Dialog über die Redner« ausführt. Aber im Mund eines windigen Schmarotzers, der sich dem beklagten Zustand gefügig unterwirft, werden auch sie verdächtig. Ähnlich ergeht es den Traktätchen des Eumolpus über den Verfall der Künste und über die Dichtung. Petronius gibt den Niedergang einer Kultur der Lächerlichkeit preis, aber auch die moralisierende Entrüstung darüber, denn sie gehört dazu. Sein Spott gilt nicht nur den Zuständen seiner Zeit, sondern auch unzulänglichen Formen der Zeitkritik. Mißstände mit Worten zu geißeln, sie aber tagtäglich zu dulden und sogar davon zu profitieren war der peinliche Zwiespalt des Schriftstellers und Staatsmannes Seneca. Der Verfasser einer Schrift »Über die Milde« für den jungen Nero rechtfertigte den Muttermord als politisches Mittel; der Verfasser stoischer Genügsamkeit zählte zu den reichsten Männern seiner Zeit; der Verehrer eines klaren, übersichtlichen Stils schrieb wortreich und geschwollen. Unter seinen sittlich-pathetischen Lesetragödien befindet sich ein mitleidheischendes Stück über die Verstoßung

der Octavia, die vielleicht auf seinen Schutz gehofft hatte. Hellhörig entlarvt Petronius die um sich greifende moralphilosophische Geschwätzigkeit.

Wenn Eumolpus das Fragment eines Bürgerkriegsgedichtes vorträgt, tritt Petronius in einen Wettstreit mit seinem Zeitgenossen Lucanus, hält sich aber gedeckt durch eine fragwürdige Gestalt. Aus einem Vergleich des Fragments mit dem Versepos, das Lucanus über den Bürgerkrieg verfaßte, ist geschlossen worden, Petronius habe den jüngeren Kollegen behutsam dafür getadelt, daß er von gleichwohl angestrebten klassischen Vorbildern abweiche. Lucanus benutzte den heroischen Hexameter, verzichtete aber darauf, in die Ereignisse, die er gestaltet, die Götter eingreifen zu lassen. Den Olympiern brachten seine Zeitgenossen keinen religiösen Ernst mehr entgegen. Petronius besteht jedoch auf der Wahrung überkommener und übernommener Formen. Eins kann nicht fortleben ohne das andere: Er setzt die Götter wieder in die Befugnisse ein, die ihnen das Versepos in seinen klassischen Zeiten eingeräumt hat. Daß Versform und Mythos zusammengehören, ist ihm wichtiger als die Glaubwürdigkeit von Göttern. Ovid schon hatte ihren ästhetischen Wert als symbolisierende Kunstgestalten erkannt. Wichtig ist Petronius auch der gewandelte Inhalt: Er stellt, belehrt durch geschichtliche Erfahrung, den imperialen Anspruch Roms, dem Vergil noch, wenn auch im Sinn einer ethischen Verpflichtung, dichterisch huldigte, in Frage und nennt als Triebkraft für die Entstehung des Weltreiches ganz nüchtern die Gier nach Besitz beim Namen (Kapitel 119, Vers 4 ff.). Aber es hieße Petronius einen Fehler in seinem Spiel mit den Formen nachweisen, wollte man das Gedichtfragment aus der Rolle des Eumolpus herauslösen. Indem er die Verse einem dichtenden Strolch in den Mund legt, gibt er zu verstehen, daß damit eigentlich noch nichts gesagt ist. Lucanus, beeinflußt durch stoische Tugendlehren und ihre mäßigenden Forderungen, verschloß sich solchen Einsichten gewiß nicht. Wohl ohne die Absicht, Lucanus persönlich zu treffen, zieht Petronius auch hier den Wert moralkritischer Feststellungen ohne sozialen Bezug in Zweifel.

Petronius verteidigt die Einheit der klassischen Form sowohl gegen Modernisierungsversuche als auch gegen klassizistische Nachahmung. Man soll nicht neu sein wollen, und man kann nicht klassisch sein wollen. Die Kunst fragt nicht nach dem, was einer will, sie gelingt, oder sie mißlingt. So sind auch seine travestierenden Zitate Homers und Vergils keineswegs antiklassisch, sondern antiklassizistisch gemeint.

In der Tischrunde des Trimalchio tauchen ähnliche Typen auf wie im »Gastmahl des Nasidienus« bei Horaz oder in den Verssatiren des Persius. Petronius verwandelt jedoch moralphilosophische Beispiele in lebendige Gestalten. Die Wertungen der Ethik, sei sie nun stoizistisch oder epikureisch geprägt, rückt er in das Licht einer sozialen Wirklichkeit. Zu den beliebtesten Themen antiker Moralkritik gehören Erbschleicherei und Luxus. Der unverfrorene Zynismus im Testament des Eumolpus geißelt die Leichenfledderer sehr sinnreich, persifliert aber auch die kynische Diatribe, die den Stoiker auf seinem Weg zur Tugend durch Genügsamkeit mit der Forderung nach Bedürfnislosigkeit verbellte, die jeden Anspruch des Menschen auf Macht und Besitz zurückwies, indem sie seinen Vorrang unter den Wesen bestritt und ihn dem Hund gleichsetzte. Mit der Bedingung, seinen Leichnam öffentlich zu verspeisen, hält Eumolpus den raffgierigen Krotoniaten einen Spiegel vor. In Wirklichkeit werden Betrüger so gründlich betrogen, daß ihnen schon wieder »Recht« geschieht. Den Tafelluxus der Reichen macht Petronius ebenso lächerlich wie die Genügsamkeits-Nostalgie ihrer Tadler, den abstrusen Aberglauben des Emporkömmlings aus der Fremde ebenso wie die sektenhaften Kulte Einheimischer, die Zügellosigkeit der Lüstlinge beiderlei Geschlechts ebenso wie die Prüderie der Saubermänner. Das verkommene Bildungsgut der Zeitgenossen, ihre falschen Gefühle, ihr hohles Pathos und ihr rücksichtsloser Pragmatismus sind für Petronius ebenso wie die moralisierende Entrüstung darüber Zeugen eines um sich greifenden schlechten Geschmacks.

Fraglich bleibt, ob verlorene Textteile etwa unmittelbar in Rom spielten. Die Schauplätze der Fragmente beschränken

sich durchgehend auf die griechisch geprägte Welt Unterita-
liens, das in vorrömischer Zeit von Griechenland her koloni-
siert worden war. Sie bot Petronius Gelegenheit, mit seinen
Gestalten, ihren Schicksalen, Meinungen und Lastern römische Zustände ironisch zu verfremden. Die Wandlung, die
sich im Verhältnis der Römer zu den Griechen vollzogen
hatte, kam ihm dabei entgegen. Encolpius, der Rom kennt
(Kapitel 69), spricht abschätzig von der griechischen Stadt
(Kapitel 81), in die es ihn verschlagen hat, trägt aber selbst
einen griechischen Namen und schwärmt für griechische Ma-
lerei. Die Römer, die zunächst verächtlich auf die Griechen
herabgesehen hatten, waren doch bald mit heimlichem Neid
um ihre Bildung und Kultur bemüht gewesen, bis Cicero sich
offen zu ihnen bekannte und Horaz über die geistigen Beziehungen zwischen beiden Völkern den Vers dichtete, Griechenland habe, obwohl unterworfen, schließlich doch den ungebär-
digen Sieger bezwungen. Seit dem Ende der Republik wandte
sich die römische Kunst immer entschiedener griechischen
Vorbildern zu. Dort waren die tiefsinnigeren Mythen zu finden, dorther strömten die Anregungen der Philosophie, dort-
hin ließ der wohlhabende Römer sich gern nostalgisch entführen, wenn ihn sein nüchterner Alltag quälte. Bildungsreisen
nach Athen und in die hellenische Welt des östlichen Mittel-
meeres wurden beliebt. Die unverhohlene Graecomanie, die in
der frühen Kaiserzeit unter Nero einen ersten Höhepunkt erreichte, setzte ein deutliches Zeichen für den veränderten Zeit-
geschmack. Petronius greift ihn auf, stellt ihn aber in den
Dienst seiner Satire. Schon daß er den Teil der griechisch spre-
chenden Provinz wählt, den Rom beinahe vor der Haustür
hatte, ist ungewöhnlich. Kroton ist eine Stadt, die es in Unter-
italien wirklich gibt (heute Crotone). Aber der Verwalter
eines kleinen Landgutes schildert sie den Schiffbrüchigen nicht
als Hort erlesener Kunstschätze, wie sie Encolpius noch in der
Gemäldegalerie jener anderen griechischen Stadt bewunderte,
sondern als Hochburg der Erbschleicherei (Kapitel 116). Der
Leser schwankt nicht lange: Rom selbst und der durch und
durch parasitäre Charakter seiner Gesellschaft wird dem Ge-

spött ausgesetzt. Bereitwillig macht Petronius eine Mode mit, sobald sie ihm ein Mittel liefert, seinen Beobachtungen sarkastischen Ausdruck zu verleihen. Er versäumt es jedoch nicht, auch die Mode lächerlich zu machen.

Ein Satiriker, der so den Anschein erweckt, er verunglimpfe alles, fordert die Frage nach den Maßstäben seiner Kritik heraus. Der Versuch, Petronius auf eine bestimmte philosophische Lehre festzulegen, ihn etwa als Epikureer hinzustellen, hat nicht weit geführt. Wo er Proben sowohl der unverfälschten Lehren Epikurs als auch ihrer vulgären Entstellungen gibt, entwickelt er keinen schulmännischen Eifer. Sondern jedesmal stellt er dem Leser anheim, zu entscheiden, wieweit philosophische Lehren der Griechen, und seien sie so lebensnah und elastisch wie die eines Epikur, unter den wirklichen Verhältnissen hilfreich sind, ob sie überhaupt, echt oder unecht, in einer Welt so schroffer sozialer Gegensätze eingehalten werden können. Sooft Eumolpus epikureisch philosophiert, machen entweder die Verhältnisse oder sein eigenes Verhalten die Lehre lächerlich. Epikur lehrte, daß alles zum Leben Notwendige leicht zu beschaffen sei. Aber Encolpius und seine Gefährten müssen sich durch Schmarotzen und Diebstahl ernähren; Tempelraub und Totschlag, das Arbeitshaus und der Gladiatorenkampf in der Arena liegen an ihrem Weg. Sie entwickeln kaum Solidarität, sondern laufen Gefahr, einander zu zerfleischen. Der Daseinskampf der Begüterten wird, wie in Trimalchios Tischrunde zu hören ist, nicht weniger hart ausgetragen. Wer versucht, als Epikureer durchzukommen, muß scheitern. Was er sagt, klingt doppelzüngig, was er tut, ist abgeschmackt.

Im Benehmen Trimalchios und seiner Gäste lassen sich deutlich einige hervorstechende Züge der »Ethikoi Charakteres« (nicht ganz treffend mit »Charaktere« übersetzt) wiedererkennen, die Theophrast, ein Schüler des Aristoteles, um 300 v. u. Z. in einem Handbüchlein zusammenstellte. Petronius war vermutlich mit Schriften der Peripatetiker vertraut. Mehr oder weniger gründlich kannte er wahrscheinlich auch andere antike Philosophenschulen, die Sophisten und Platons Akademie etwa, den Kynismus und die Stoa, der viele seiner Zeitgenossen, besonders Seneca, Lucanus und Persius, sich angeschlossen hatten. Daß in den Fragmenten Gedankengut Epikurs am auffälligsten in Erscheinung tritt, braucht nicht mehr zu sein als der Zufall des Fragmentarischen. Die gründliche Kenntnis einer bestimmten philosophischen Lehre weist noch nicht den geschworenen Anhänger aus, der Kenner braucht kein Schüler geblieben zu sein.

5. Der gute Geschmack und die Politik

Nur scheinbar lenkt die Göttin Fortuna in den »Satyrgeschichten« alle Geschicke. Die Fäden, die ihr Petronius in die Hand legt, erweisen sich als ein Netz sozialer Kräfteverhältnisse, die sichere Hand, mit der er es entwirrt, erzeugt eine Satire: Masche für Masche ein Verstoß gegen den guten Geschmack. Aber kann der gute Geschmack als Maßstab für soziale Verhältnisse, für eine Politik herhalten? Auf wessen guten Geschmack dürfte sich eine Gesellschaftssatire berufen?

Der gute Geschmack nimmt sein Gegenteil belustigt, aber auch mit Widerwillen wahr. Spott und Hohn sind Mittel der Satire; zu den Affekten, die sie auslösen, gehören Verachtung und Ekel. Die Kommentare des Encolpius während des Gelages bei Trimalchio steigern sich von Ironie zu Sarkasmus, bis unverhüllt der Ekel hervorbricht. Petronius ist ein Meister des Rollenwechsels, und man darf Encolpius nicht als sein Sprachrohr verstehen. Doch im Ekel dieser Gestalt artikuliert sich der Ekel des Autors und der Zeitgenossen, an die er sich wandte.

Es ist der Ekel der Enttäuschung über einen Herrscher. Je mehr sich Nero von seinen Beratern löste, desto weniger scheute er sich, Freigelassene auf den Palatin zu holen wie vor ihm Claudius. Das Trottelhafte und Schrullige an Trimalchio verhöhnt Claudius, das Ekelhafte an ihm karikiert den Persönlichkeitsverfall Neros. Nicht alle Ähnlichkeiten, die von der Forschung aufgedeckt wurden, erscheinen gleichermaßen zwingend. Immerhin erinnert Trimalchio bei fortschreitendem Gelage immer mehr an einen selbstgefälligen, verweichlichten Despoten, der sich gehenläßt. Daß Encolpius und seine Gefährten die Tafel nicht einfach verlassen dürfen, entspricht der Willkür, mit der Nero seinen Beratern die Entlassung verweigerte, obwohl er sich ihrer nicht mehr bediente.

Petronius kann sich auch einer Enttäuschung über die Beherrschten nicht erwehren. Er kennt die Brüchigkeit der römischen Gesellschaft. Die Begüterten unter den freien Römern verlieren ihre Gesittung und ihre wirtschaftliche Kraft; ihre Kultur verfällt. Die Bedürftigen und Mittellosen werden überall von Sklaven und Freigelassenen aus dem Broterwerb gedrängt. Der einzige römische Name, der an der Tafelrunde Trimalchios fällt, ist der eines ruinierten Mannes, und der Erzähler hebt hervor, daß dieser Gajus Julius Proculus den Platz eines Freigelassenen einnehmen muß. Die neue, erstarkende Schicht reicher Freigelassener droht die Römer zu überrumpeln. Ausgebeutete und mißbrauchte Sklaven schwingen sich selbst zu skrupellosen Ausbeutern auf, jedoch ohne die nach antikem Verständnis gültige Rechtfertigung, Träger einer Kultur zu sein. Außer ihren fremden Namen bringen sie fremde Gebräuche, neuen Aberglauben und schlechten Geschmack in die römische Gesellschaft, vermengen die Gewohnheiten ihrer Heimat mit verzerrten Kopien römischer Lebensart. Plötzlicher Erfolg läßt sie bald in Üppigkeit erschlaffen wie wuchernde, aber rasch welkende Pflanzen. Der Halt einer eigenständigen, allmählich und stetig gewachsenen Kultur, ein Standesethos fehlt ihnen. Sie bleiben auch als Freie käuflich; Rom wird in ihren Händen zur Ware. Doch die Freigeborenen haben ihnen fast nichts mehr entgegenzusetzen. Die Karikatur des Freigelassenen, die Petronius zeichnet, schließt Kritik an einer Sklaverei ein, die ihn erzeugt hat, die selbst die Freiheit der Freigeborenen nicht mehr gewährleistet und den Bestand des Gemeinwesens untergräbt. Der volltrunkene Trimalchio, der Gäste und Hausklaven sein eigenes Begräbnis feiern läßt, rückt in ein unheimliches Zwielicht. Das Gespenst des Unterganges steht hinter ihm.

An Nero und seinen Kreis wandte sich Petronius mit dieser warnenden Vision, so gefällig sie verpackt ist, gewiß nicht mehr. Aber auch die bornierte Senatsopposition um Piso und Scaevinus kommt als Adressat nicht in Betracht. Petronius verwahrt sich in seinem programmatischen Gedicht (Kapitel 132) ausdrücklich gegen die Nacheiferer Catos, die einem wirklichkeitsfernen Konservatismus huldigten, im Sittenpredigerton gegen den Palatin wühlten und dennoch einen haltlosen Lebenswandel, wie Tacitus berichtet, nur schlecht verbargen. Ein bestimmter Kreis, für den Petronius sein Werk gedacht hätte, ist kaum abzugrenzen. Er schrieb keine Invektive, die auf die Tagespolitik Einfluß nehmen sollte, sondern sprach das umfassende Unbehagen solcher Römer aus, die Rom nicht gleichgültig ließ, die es aber auch nicht als Fetisch behandelten. Die vernünftig denkenden, anständigen Römer waren noch nicht ausgestorben; sie hatten sich nur aus der Öffentlichkeit, wie zuletzt er selbst, verdrängen lassen. Er durfte darauf vertrauen, daß sich an seinem Werk die Geister schieden. Die Verlorenen und Verworfenen begriffen es nicht, hielten es für unverbindlich, interessierten sich nicht einmal dafür. Wem Rom noch etwas bedeutete, dem öffnete es die Augen über bedrückende Zustände.

Als Sammelbecken römischer Werte, über die sich Petronius mit ihnen einig sein konnte, gilt der Begriff der *humanitas*. Cicero, auf den er sich wiederholt beruft, argumentiert mit ihm in seinen Reden und Schriften wie mit einem ständigen Ideal der Patrizier, des Senatsadels, das nicht nur Menschenfreundlichkeit und gepflegte Umgangsformen bezeichnet, sondern auch Tüchtigkeit in der Pflichterfüllung, feine Bildung, Urteilskraft in der Kunst, guten Geschmack. Gemäßigte Kreise des Senatorenstandes versuchten auch während der Kaiserzeit dieses Ideal zu wahren und Vorbild für alle Schichten der freien römischen Bevölkerung zu bleiben. Das freilich war zusehends schwieriger. Zu den liebenswerten Eigenschaften Encolpius' gehört nicht zuletzt die Fähigkeit zur Selbstironie, die Tacitus auch Petronius selbst zubilligte. Sooft Encolpius seine Umwelt mit den Augen der humanitas betrachtet, fällt er herein. Alle anderen sind raffinierter, vitaler als er. Ihre Vorstellungen von humanitas befinden sich in fortschreitender Zersetzung; sie meinen mit dem Wort nicht mehr das, was es früher ausdrückte, und es kommt zu Mißverständnissen. Die Freigelassenen um Trimalchio gar bevorzugen flache Ersatzvokabeln, die der Verzerrung des Begriffs in ihrem Kreis entsprechen. Petronius durfte erwarten, daß seine Leser darüber Tränen lachten oder den Kopf schüttelten, daß ihnen ihre Erheiterung nicht mehr geheuer war, sobald sie begriffen: Um Rom steht es in Wirklichkeit sehr ernst. Aber er wollte mit ihnen nicht an einer so grenzenlosen Käuflichkeit menschlicher Wesen verzweifeln, sondern versuchte ihr Herz für Benachteiligte zu gewinnen, die darunter leiden. Priapus, der aus dem Osten kommende Fruchtbarkeitsgott mit seiner riesenhaften Dauererektion, verflucht Encolpius, als wäre er ein Abbild der ordinären Lebenskraft derer, die unter zutiefst korrumpierten Verhältnissen mit Erfolg bestehen können. Mit der Wahl dieser satyrhaften Gestalten, die ihre Grundtriebe entweder unverhüllt ausleben oder peinlich daran gehindert werden, bewahrt Petronius seinen Blick vor moralisierenden Trübungen. Trimalchio »platzt vor Glück«; darüber hinaus weiß er nichts anderes, als lebendig sein eigenes Begräbnis zu feiern. Einem Encolpius hingegen enthält die fatale Verlegenheit seines Fleisches sogar die kostenlosen Wonnen der Liebe mit einer Schönheit vor, die sich ihm selbst anbietet. Der Schluß der Bruchstücke erwähnt, daß er von diesem Gebrechen geheilt wird. Wenn Petronius mit der Impotenz seines Helden den Mangel an Lebenstüchtigkeit meinte, an dem seine Römer litten, hat er sie nicht ohne Hoffnung aus seinem Werk entlassen.

Allerdings stellt Encolpius mit ironischer Feierlichkeit klar: »Die ranghöheren Götter sind es, die meine Gesundheit wiederhergestellt haben« (Kapitel 140). Zu ihnen, den Olympiern, von denen der antike Adel seine Genealogie herleitet, gehörten Priapus, Satyrn, Nymphen und andere ländliche Naturgeister nicht. Petronius schildert das Treiben in den unteren Volksschichten. Er schildert es ohne soziales Mitleid, aber auch ohne Herablassung. Zu den Dingen, die er der Lächerlichkeit preisgibt, gehört nicht zum wenigsten der Kleineleutestolz aller Schattierungen, an dem auch plötzlicher Reichtum nichts ändert. Er sieht die römische Gesellschaft mit den Augen des Patriziers. Aber der aufgeklärte Aristokrat, der sich den Verfall der Aristokratie nicht verhehlt, versteigt sich nicht in volksfremden Dünkel. Er bleibt zwar überzeugt, daß die Macht nur dem Adel gebührt. Doch er hat vergeblich nach einem Adel gesucht, der fähig wäre, zum Wohl aller zu herrschen. Nicht nur der Kaiser hat ihn enttäuscht, auch der Senat. Ernüchtert wendet er sich den plebejischen Schichten und den Entwurzelten zu und gestaltet mit allen Mitteln seiner Bildung und Kunstfertigkeit ihre nüchternen Verhältnisse.

Lösungen hatte Petronius nicht anzubieten. Er schickte seine Kunst auf die Suche nach Verbündeten im Nachdenken über mögliche Lösungen. Ob er als Staatsmann, der er allein schon als Senator war, ein politisches Programm verfolgte, ist nicht mehr zu ermitteln. Seine deutliche Kritik an der willkürlichen Behandlung von Sklaven durch Trimalchio, der einen Gutssklaven kreuzigen läßt, weil er seinen Herrn beschimpfte, den Haussklaven aber für römische Begriffe zuviel Freizügigkeit gewährt, hat Anlaß zu der Vermutung gegeben, der Verfasser der »Satyrgeschichten« sei auch Urheber der *lex Petronia*. Dieses Gesetz sollte das Los der Sklaven mildern und so verhindern, daß Freilassungen aus der einen oder anderen Laune, wie bei Trimalchio üblich, überhandnahmen. Tacitus erwähnt in seinem Bericht eigens, daß sich Petronius vor seinem Tod von seinen Sklaven verabschiedete, indem er wohlbemessen Lohn und Strafe verteilte.

Der gute Geschmack war für Petronius ein sehr umfassender Begriff. Und er verstand ihn aristokratisch. Von dieser Warte übte er vor allem Kulturkritik. Kritisieren hieß ihm nicht moralisieren. So gelang es ihm, das soziale Kräfteverhältnis zwischen seinen Gestalten sehr genau zu zeichnen und seiner Kulturkritik eine für die antike Literatur einzigartige sozialkritische Komponente zu geben. Über menschliche Umgangsformen, Bildung und Kunstverstand hinaus erstreckte sich sein Geschmacksurteil auch auf die verfeinerten Genüsse, die sich begüterte Römer, die Herren der Welt, leisteten, und auf das Gebaren der Herren dieser Herren. Weder die kaiserlichen Orgien noch die Freigelassenenwirtschaft waren nach seinem Geschmack. Die politische Verantwortung für das Gemeinwesen Rom kam dabei immer zu kurz. Die ersten Nachfolger des Augustus sahen in ihrer Macht vor allem eine Quelle niegekannten Lebensgefühls. Die Kompromisse, zu denen Augustus gezwungen war, hatten wesentliche wirtschaftspolitische Ziele der Popularen aufgegeben. So überwog in dem zwiespältigen Vermächtnis Julius Caesars der unverhältnismäßig hohe Aufwand der Macht, sich selbst zu erhalten: der Kampf gegen die Senatsopposition, in der sich trotz blutiger Verfolgungen ein Teil der Optimaten behauptete, und die ständige Wachsamkeit gegen mögliche Rivalen.

Das änderte sich erst im 2. Jahrhundert, nachdem Nerva und Trajan dem Senat einen Teil seiner Rechte zurückgegeben hatten. Ein neues »Goldenes Zeitalter« brachten auch Hadrian, Antoninus Pius und Marc Aurel nicht. Aber Hadrian ersetzte die kaiserlichen Freigelassenen durch besoldete Staatsbeamte aus dem römischen Ritterstand. Marc Aurel opferte sein Privatleben und seine Gesundheit für das höchste Amt in einem Weltreich, dessen Grenzen bereits von unruhigen Völkerschaften bedrängt wurden.

Petronius sah auch die Art des Regierens als eine Geschmacksfrage an. Wie Caligula und Nero regierten, verstieß gegen den guten Geschmack. Das Monstrum Trimalchio gab jedem zu verstehen, auf wessen Stufe die Kaiser sich stellten. Und es war nie gut für Rom, wenn sich der Erste zum Gespött machte. Über Geschmacksfragen zu streiten hätte Petronius geschmacklos gefunden. Aber Nero und seinen Günstlingen blieb er ein Dorn im Auge. Allein daß er noch lebte, wie es ihm beliebte, reizte sie fortwährend zu einem Streit, in dem sie doch hätten unterliegen müssen. Petronius wollte es auf eine Entscheidung nicht ankommen lassen. Da entschied die Gewalt über ihn, zwei Jahre vor Neros gewaltsamem Ende.

Nachbemerkung

Bis auf den Ausschnitt aus der VI. Satire des Juvenal, Verse 115 ff. (S. 46/47), sind alle in den Essays verwendeten Werkzitate Übersetzungen des Autors.

Die Stellenangaben in dem Essay über Catull entsprechen der in Catull-Ausgaben und Übersetzungen üblichen Numerierung der Gedichte. In den Stellenverweisen der Essays über Vergil und Ovid bedeuten die römischen Ziffern jeweils die Buchzahlen, die arabischen die Verszahlen. Die Kapitel- und Versangaben zum »Satyricon« in dem Essay über Petronius folgen der Zählung in der Ausgabe von Konrad Müller, München 1978.

Inhalt